Wall Street à l'assaut de la démocratie

Georges Ugeux

Wall Street à l'assaut de la démocratie

Comment les marchés financiers exacerbent les inégalités

Odile Jacob

15, rue Soufflot, 75005 Paris

www.odilejacob.fr

ISBN : 978-2-7381-5675-4

Without equality there can be no democracy[1].

Eleanor ROOSEVELT, 12 octobre 1944

No one pretends that democracy is perfect or all-wise. Indeed, it has been said that democracy is the worst form of Government except for all those other forms that have been tried from time to time[2]...

Winston S. CHURCHILL,
11 novembre 1947

INTRODUCTION

Wall Street ignore la pandémie qui la guette

2020 : l'année où le voile du temple se déchira

Le 24 novembre 2020, en plein milieu de la seconde phase de confinement, l'indice Dow Jones a dépassé le cap de 30 000 points pour la première fois au grand plaisir et dans le délire de Wall Street. Depuis sa chute brutale en mars 2020, l'indice a augmenté de plus de 100 %, ignorant les conséquences structurelles d'une pandémie qui a fait vaciller la planète. L'année boursière aura été une démonstration grandeur nature de la déconnexion des marchés financiers par rapport à l'économie réelle. Comparé à son sommet de février 2020, ce même indice a augmenté d'un tiers. L'Eurostoxx 600 a suivi la même tendance mais dans des proportions moins élevées.

En effet, d'un côté l'économie réelle a dû faire face à une récession brutale, caractérisée par un taux de chômage abyssal et un pouvoir d'achat des ménages en berne entraînant une baisse vertigineuse des profits des entreprises. La « zombification[1] » de l'économie laisse présager une cascade de faillites d'entreprises sans précédent. De l'autre côté, grâce à une croissance de 100 billions de dollars de l'endettement mondial, les indices boursiers ont caracolé en tête des records de capitalisation, ignorant allègrement l'accumulation des menaces pesant sur la stabilité économique, sociale et financière de la planète, et de ce fait le risque systémique que l'endettement fait courir à l'économie mondiale.

Cette déconnexion qui atteint le cœur même de nos démocraties est construite sur plusieurs piliers :

- l'influence des opérateurs des marchés financiers sur les responsables politiques ;
- la vision à court terme de l'investisseur boursier qui recherche le profit immédiat ;
- la décision des banques centrales de sacrifier les épargnants au profit des emprunteurs ;
- l'endettement massif des États favorisé par des taux d'intérêt négatifs ;
- l'idéologie qui favorise à outrance les actionnaires et accroît les inégalités.

Au cours des années, les acteurs des marchés financiers (publics comme privés) ont réduit toute forme de contribution sociale et économique à la portion congrue : seul compte l'enrichissement à court terme.

Qu'un président des États-Unis ait pu faire des marchés le baromètre de ses succès économiques sans être contredit donne la mesure de l'absence de contrôle démocratique[2]. Lorsqu'elles seront sommées de s'expliquer, les autorités auront beau jeu de vouloir minimiser la situation mais elles devront *in fine* rendre compte de cette dérive de nos économies qui semblent dirigées de Wall Street : le voile du temple du capitalisme financier s'est enfin déchiré.

IL EST TEMPS DE DIRE LA VÉRITÉ

J'ai entamé ce livre parce qu'au travers d'un demi-siècle passé dans le monde financier, j'ai acquis la certitude que la finance se fourvoie et n'a d'autre option que de se réformer, se transformer, et se remettre en question. Elle doit renouer avec sa vocation économique et sociale. Je crois que la bataille est peut-être perdue, mais pas la guerre. Il est important de rééquilibrer le rapport économique et social entre les marchés, les gouvernements et la population.

Pour cela, il faut aller au-delà des discours manichéens et analyser de manière approfondie les mécanismes qui soumettent nos démocraties au diktat des marchés. Je vis au jour le jour l'expérience des marchés financiers : je l'ai acquise comme banquier commercial, directeur financier, à la fois au sein de l'Union européenne et aux États-Unis, notamment au New York Stock Exchange (NYSE).

Ayant dirigé sa division internationale au 11 Wall Street, j'ai eu l'occasion d'expérimenter la vie quotidienne de ces marchés tant sur le plan national qu'à travers le monde. Mes responsabilités internationales m'ont conduit aux quatre coins du globe et j'ai vu les marchés des capitaux fonctionner ainsi que leurs dérives.

C'est cette expérience enrichie par mon cours sur la banque et finance internationale à la faculté de droit de l'Université de Columbia à New York qui inspire ma démarche, associant ainsi ma pratique de la finance à une dimension académique et pédagogique.

La loi du silence et le déni public des risques systémiques que nous encourons sont coupables. Ils ne nous permettent pas de prendre des mesures qui nous éviteraient le pire. L'argent public n'est pas là pour enrichir massivement les entreprises, leurs actionnaires et leurs dirigeants. Face aux défis de la transition énergétique, des retraites et de l'emploi, les gouvernements et les banques centrales accumulent les discours alors qu'ils sont privés des moyens nécessaires à une action devenue aussi urgente qu'inéluctable.

LE CORONAVIRUS FAIT ÉCLATER NOS FAIBLESSES STRUCTURELLES

Face à l'invasion du SARS-CoV-2 (Severe Acute Respiratory Syndrome Coronavirus 2), des mesures budgétaires ont été prises, dont les conséquences s'avèrent dramatiques. Les États, déjà affaiblis financièrement avant même que la crise du coronavirus n'éclate, ont fait exploser les déficits budgétaires et par conséquent leur endettement. Si encore ces capitaux avaient trouvé leur destination économique, un tel déséquilibre financier aurait été acceptable.

Or les trompettes médiatiques ont focalisé le public et donc la classe politique sur l'évolution, les chiffres et les acteurs de la crise sanitaire. Le ton et le discours des médias ont distillé la peur et tétanisé les ménages, les écoles et les entreprises. Les plus sérieux d'entre eux portent la responsabilité pleine et entière d'avoir considéré que seul le virus était digne de leur « une » : ils ont utilisé des données que la profession médicale, naturellement réticente au risque, dramatisait à longueur de journal télévisé, sans les mettre en perspective avec d'autres facteurs économiques, sociétaux dans une dynamique de paralysie et de peur.

Ce sont les banques centrales qui sont venues au secours des États en souscrivant à leur dette sur les marchés à hauteur d'une dizaine de billions, le tout en l'espace de six semaines à la fin du mois de mars 2020 : un montant équivalent à dix années de mesures pour relancer l'économie après la crise de Lehman Brothers. Il n'y avait aucune chance que ces capitaux puissent être utilisés de manière productive : privés de rémunération sur les obligations à cause de la baisse des taux d'intérêt par ces mêmes banques centrales, les investisseurs se sont engouffrés en Bourse.

Le reste n'est que littérature.

LES FRAUDES ET LES MANIPULATIONS SE MULTIPLIENT

Au-delà de ces vicissitudes, les années 2020 et 2021 ont aussi été le théâtre de manipulations et de fraudes sur les comptes des entreprises.

C'est d'Allemagne que sont venues les premières mauvaises nouvelles avec le soutien massif des autorités allemandes à la société **Wirecard**, le leader de la technologie des paiements, dont la fraude dépasse les 3 milliards de dollars. Le scandale a éclaté au grand jour à la suite d'une enquête du *Financial Times* qui fut ensuite poursuivi pour avoir publié cette information… par le régulateur allemand !

Quelques mois plus tard apparaît **GameStop** qui attire l'attention sur les manœuvres de certains fonds spéculatifs qui ont massivement vendu à découvert les actions de cette entreprise, pariant sur le fait qu'elle allait faire faillite. Ils ont dû faire face à la réaction protectrice d'une armée de petits acheteurs qui ont fait exploser à la hausse le cours de l'action et sont parvenus à mettre en péril un des fonds qui s'était attaqué à la société.

Début 2021, c'est au tour de la société **Greensill** de faire les gros titres de la presse, après avoir abusé de la dette et investi imprudemment dans une entreprise sidérurgique britannique, propriété d'un magnat indien. Derrière cette faillite, on retrouve des tentatives de levées de fonds par l'ancien Premier Ministre britannique David Cameron qui avait tenté de soudoyer la Trésorerie de Sa Majesté et le prince héritier d'Arabie Saoudite. Plusieurs banques y ont laissé des plumes.

Quelques mois plus tard un autre gros scandale éclate avec le *hedge fund* **Archegos**, financé par une série de banques et dont la culbute devrait coûter 5 milliards de dollars au Crédit Suisse qui a dû augmenter son capital pour rétablir ses fonds propres. Le solde a été réparti entre Nomura, Deutsche Bank, Morgan Stanley, Goldman Sachs, UBS[3]. C'est l'activité de financement des *hedge funds*, appelée *prime brokerage*, qui avait permis ce surendettement : sans les banques pour les financer, ces fonds ne pourraient exister. Nous y reviendrons.

Que dire du rôle joué par JP Morgan dans le financement à hauteur de 4 milliards d'euros de cette « **Super Ligue européenne de football** », à l'instigation d'un milliardaire espagnol, président du Real Madrid, et de l'un des héritiers de la famille Agnelli (la famille fondatrice de Fiat), président de la Juventus de Turin ?

Du côté des **cryptomonnaies,** l'horizon n'est pas clair non plus : Masayoshi Son, propriétaire de la firme de télécommunications japonaise SoftBank, Mark Zuckerberg, le patron de Facebook, et Elon Musk, le patron de Tesla, se sont fourvoyés dans le monde des monnaies digitales et ont échoué[4].

Ces quelques situations illustrent mon propos : ce que l'on appelle le *dark side* (côté obscur) de la finance est incroyablement actif et nous serions naïfs de croire que les réformes ne feront pas l'objet d'une opposition féroce et d'un lobby puissant du monde financier qui, malgré son rôle constructif, cache des pratiques frauduleuses pour ne pas dire criminelles.

Wall Street impose sa vision de court terme

Petit à petit, l'horizon de temps s'est raccourci : la généralisation des résultats trimestriels a induit les entreprises à se focaliser sur leurs résultats immédiats et à renoncer à des décisions essentielles pour construire une industrie solide et robuste.

Les investisseurs ont également publié leurs performances trimestriellement, favorisant des investissements dans des entreprises en fonction de leurs résultats immédiats et de leurs performances de court terme.

Une catégorie entière du monde financier consacre son activité à la recherche d'un gain « absolu » et maximal, sans aucun intérêt pour les entreprises dans lesquelles elle investit. Pire, une fois au capital de la société ciblée, certains fonds spéculatifs agissent comme activistes et tentent de forcer son conseil d'administration à adopter une politique de court terme : ce sont les *hedge funds* et les investisseurs à découvert.

Les rémunérations des dirigeants sont devenues obscènes. Liées elles-mêmes au cours de Bourse plutôt qu'aux résultats de leur entreprise, elles encouragent une gestion trimestrielle au détriment d'une gestion de l'entreprise de long terme. Si les informations de court terme sont importantes, il devient urgent d'y ajouter des perspectives qui articulent une vision à moyen et long terme dont la démocratie est partie prenante.

C'est donc à un changement de perspective que ce livre appelle le lecteur et nos dirigeants aussi bien d'entreprises que politiques. C'est un changement de cap qui appelle et attend l'humanité, sans lequel demain sera pire qu'aujourd'hui. Nous ne résoudrons pas les problèmes de transition énergétique et de changement climatique par des politiques de court terme. L'engagement sur le temps long est une nécessité.

La durabilité est ainsi au centre des préoccupations : il faut en faire un devoir et les dirigeants politiques, économiques et sociaux en sont les gardiens à long terme.

Tout pour l'actionnaire : la machine à créer les inégalités

RÉFORMER LE CAPITALISME ACTIONNARIAL

L'idéologie qui favorise à outrance l'actionnaire est devenue une menace pour la démocratie : elle est destructrice d'emplois mais créatrice de richesse pour les plus riches. Les gouvernements sont complices. Ils n'osent pas s'opposer aux lobbies des grandes entreprises et de leurs actionnaires dont ils dépendent pour leurs campagnes électorales.

Favoriser les actionnaires au détriment de l'emploi, de l'investissement et de l'entreprise comme corps social est un dogme qui nous vient des États-Unis. C'est le cœur même du capitalisme financier anglo-saxon qui depuis des décennies a transformé les marchés financiers en une machine de pouvoir lancée à l'assaut de la démocratie.

Depuis quelques années, des voix se font entendre au sein même des grands investisseurs et des entreprises pour une prise en compte d'une responsabilité plus large. Ce mouvement correspond à des valeurs qui sont profondément ancrées en Europe. Cette année nous aura démontré qu'une nouvelle forme de capitalisme solidaire devra remplacer le « tout pour l'actionnaire ». Cette « révolution » sera le seul moyen d'empêcher que la démocratie ne descende à nouveau dans la rue…

NE PAS JETER LE BÉBÉ AVEC L'EAU DU BAIN

Les marchés financiers ont une utilité économique essentielle pour permettre le financement des entreprises. Mais les forces intervenantes ont atteint une taille et une influence qui en font plus un instrument de pouvoir et d'enrichissement qu'un outil de croissance économique.

Attaquer les marchés financiers en eux-mêmes est un discours incendiaire et stérile. Ces condamnations se trompent de cible. Comme tout marché, ils sont le reflet des participants, de leurs objectifs et d'intérêts divergents qui par nature sont égoïstes. Ce livre tente de lever le voile sur Wall Street et ses équivalents mondiaux inspirés de l'idéologie financière anglo-saxonne.

Si nous voulons rétablir un équilibre au sein de nos populations, c'est à celles et à ceux qui participent à cette dérive, et pas seulement aux marchés, qu'il faut s'attaquer : encore faut-il comprendre leurs objectifs et le fonctionnement des marchés qui favorisent leurs intérêts. C'est à ce niveau que les réformes sont indispensables.

POPULISME ET HUMANISME

Les risques que font courir à la démocratie les divers populismes, qu'ils soient de droite ou de gauche, risquent de rendre nos sociétés écrasées par une idéologie du passé et dépassée. Le « peuple » de ces mouvements n'a rien à voir avec le *demos* de la démocratie qui donnait la voix à tous les électeurs. Le populisme est influencé par des idéologies racistes, sexistes, extrémistes, fascistes, autocratiques dans bien des cas.

La réponse aux défis créés par l'abus des pouvoirs financiers n'est pas le populisme, mais l'humanisme. Il est fondamental que la finance comme l'économie ou la politique remettent l'être humain au centre de notre vie économique et financière.

Ce livre ne sera pas complaisant. Tout comme les précédents, édités chez Odile Jacob, *La Trahison de la finance*[5] en 2009 et *La Descente aux enfers de la finance* en 2019[6], il tentera d'apporter une vision claire des enjeux dans un langage accessible.

L'approche de ce livre est inspirée par une démarche humaniste. Non seulement je l'assume, mais je crois que sans humanisme notre société va à sa perte. L'abus de pouvoir est partout : il faut d'abord le reconnaître, le traquer et tenter de le réformer.

Notre avenir est à ce prix.

PREMIÈRE PARTIE

Un déséquilibre insoutenable

L'écart entre les richesses individuelles a connu une croissance qui crée une société profondément inéquitable, comme l'a démontré l'économiste Thomas Piketty dans son célèbre ouvrage *Le Capital au* XXIe *siècle*. La démocratie n'y trouve pas son compte : l'accès à la connaissance et à l'éducation est devenu de plus en plus coûteux, s'inscrivant dans une mécanique de reproduction élitiste. Pour la première fois, aux États-Unis, des parents ont été mis en prison pour avoir corrompu des responsables du service d'admission de grandes universités[1].

L'accès à des emplois de qualité et bien payés est entaché par des inégalités de toute nature. Ce sont là des terreaux qui nourrissent le populisme qui, même s'il n'a pas de réponse à ces problèmes, fait croire qu'il fera mieux. Avons-nous à ce point perdu le sens de la solidarité et de l'humanisme ?

Un des moteurs de cette inégalité est l'enrichissement de celles et ceux qui ont accès aux marchés financiers car, comme le dit si bien l'adage : « On ne prête qu'aux riches. » Il montre les limites de l'accès au crédit. Ce dernier détermine le droit au logement : la proximité du domicile par rapport aux écoles les plus recherchées a un coût souvent exorbitant.

La littérature est pleine d'ouvrages sur la gestion de l'épargne et l'accès aux marchés financiers. Mais lorsque les salaires sont stables et que la valeur des actions quadruple, comme ce fut le cas en dix ans aux États-Unis, les dés sont pipés. Si l'on ajoute le recours à la dette pour acquérir encore plus d'actifs financiers, nous sommes face à un multiplicateur inexorable de la richesse.

Aux États-Unis le revenu par habitant a augmenté de 10 % au cours des cinq dernières années alors que la capitalisation de l'indice boursier augmentait de 100 %. Dans l'Union européenne, il n'y a pas eu de croissance des revenus et la Bourse a augmenté de 40 %.

Les excès des marchés financiers menacent la démocratie

La finance est supposée ouvrir la voie à toutes les ambitions : elle permet d'acheter le pouvoir, l'éducation, le prestige, la richesse et même, pour certains…, le bonheur. Pour s'approprier la richesse, on vole, on ment, on triche, on viole, on torture et on tue. C'est souvent l'origine des guerres et des conflits terroristes derrière lesquels se cachent des ambitions économiques et financières inavouées. N'a-t-elle pas été le moteur de la guerre menée unilatéralement par les États-Unis contre l'Irak ?

La puissance de la finance semble infinie. Face à elle, l'individu se sent impuissant, menacé, et, dans la plupart des cas, dépourvu du minimum vital pour lui-même, pour sa famille, pour sa communauté, son pays et sa culture. La démocratie vient du mot grec Δημοκρατία : c'est le pouvoir du peuple. En matière financière, elle n'y retrouve pas ses deniers.

Est-ce une guerre déjà perdue par le peuple ? La démocratie est-elle vénale et corrompue à ce point ? Les marchés sont au cœur du dispositif capitaliste dont ils soutiennent la croissance et l'économie. Pour les réformer, il faut aller voir de plus près. La façon la plus efficace d'assurer la pérennité de systèmes complexes est de les accuser en bloc. Il est urgent de les analyser précisément et d'en démonter les rouages.

Une semaine après le 11 septembre 2001, je retourne à Wall Street pour la première fois. Fermé depuis une semaine, le New York Stock Exchange va réouvrir son parquet après les attentats sur les tours jumelles du Word Trade Center qui ont visé le cœur des marchés financiers. En sortant du métro, je suis pris à la gorge par une fumée âcre qui empêche de distinguer le fronton de la Bourse. À quelques pas, un soldat monte la garde. C'est l'armée qui occupe le sud de Manhattan. La célèbre « cloche » sera sonnée par les pompiers, la police, les services d'urgence entourés des autorités parmi lesquelles Dick Grasso, le président du NYSE, Hillary Clinton, Chuck Schumer, sénateurs de l'État de New York, Harvey Pitt, le président de la Securities and Exchange Commission, et Rudy Giuliani, le maire de New York.

La Bourse ou la vie[2] ?

La présidence de Donald Trump aura été marquée par sa prétention de se mesurer aux aléas de Wall Street : malgré un rebond de dernière minute, les marchés financiers n'ont pas réussi à sauver cette présidence qui leur a été tellement favorable. Chaque mouvement haussier justifiait sa présidence, tandis que la baisse ne pouvait en aucun cas lui être imputée.

Les marchés financiers sont devenus le baromètre de l'économie, imposant une loi d'airain à l'ensemble de nos sociétés pour devenir également le baromètre de la réussite politique. C'est une compréhension erronée de ce que les marchés représentent et une folie de croire qu'être président des États-Unis se mesure au hasard des fluctuations des indices boursiers. Depuis son arrivée au pouvoir, Joe Biden n'a pas une seule fois fait allusion à l'évolution des marchés financiers[3].

2020 a aggravé, ainsi, l'état précaire des finances des entreprises et des gouvernements avec des niveaux d'endettement records avant et après la pandémie. C'est sur ce fond d'instabilité (la volatilité chère aux traders) que la crise du coronavirus a provoqué une chute spectaculaire des cours de Bourse suivie d'interventions massives des banques centrales, aggravant leur déséquilibre structurel. La taille et la soudaineté de ces injections étaient telles qu'elles n'ont pas pu être absorbées par l'économie réelle, créant une hausse artificielle des cours de Bourse. Le rebond est une bulle financée par le contribuable. Le sait-il ?

Cette déconnexion entre ce que l'on appelle l'économie réelle et l'économie financière s'est considérablement accrue. Elle jette le doute sur la mission même d'intermédiation directe qui est assurée par les marchés des capitaux.

Le piège de la dette s'abat sur les citoyens

« On ne prête qu'aux riches », dit la sagesse populaire. Ce fut vrai de tout temps, et cela continue à être vrai. Jamais autant qu'au cours de la dernière décennie la démonstration de l'utilisation de l'effet de levier pour faire exploser l'enrichissement n'a été aussi évidente.

L'histoire démontre à loisir que ce sont les pauvres qui paient la facture du surendettement des pays et des entreprises, sans que les droits du contribuable puissent être pris en considération. Lors de l'État de l'Union de 2012, Barack Obama annonçait une réforme de la réglementation financière pour que « plus jamais, les contribuables ne doivent venir au secours de la finance[4] ». En 2020, c'est l'État sous diverses formes qui a mobilisé quatre fois le montant de 2008.

Les richesses accumulées ces dernières décennies l'ont été en permettant aux riches (entreprises, États ou individus) d'emprunter pour les acquérir. Notre monde se réveille dans une fausse surprise face à un endettement monstrueux : il s'est pourtant développé à marche forcée depuis dix années. Au niveau des pays développés, la masse des obligations émises sur les marchés des capitaux excède largement celle des crédits octroyés par les institutions financières. Ce ne sont plus les banques qui dominent la finance : ce sont les marchés financiers.

Face aux dangers, de grands esprits ont conçu une théorie monétaire « moderne » qui nie les risques d'endettement sous prétexte que les dettes souveraines ne se remboursent pas[5]. Le discours populiste s'est jeté comme la faim sur le monde sur cette théorie qui domine encore les extrêmes de gauche ou de droite : « il faut annuler la dette », disent leurs mentors. Savent-ils seulement que les dettes ne s'effacent pas sans l'accord des prêteurs ? Le reste est de la spoliation et conduit à la ruine des investisseurs en obligations souveraines mais également à celle des populations des pays émetteurs. De manière étrange, j'ai dû défendre ma position face à ceux et celles qui nient les risques structurels associés à l'endettement des États et les risques de gonflement des bilans des banques centrales. Je suis inquiet de voir l'administration Biden agir sans considération pour les conséquences sur l'endettement des États-Unis de dépenses évaluées à 6 billions de dollars[6].

La finance est devenue pour le peuple une ennemie, une prédatrice, et une loi d'airain le soumet à une logique qu'il ne comprend pas. Il faut dire qu'elle ne s'en soucie guère. Peu lui chante que son activité condamne une population entière à mourir de faim. Peu lui importe que des dizaines de millions de personnes soient descendues en dessous du niveau de pauvreté. 2020 en aura été la démonstration grandeur nature, avec une population mondiale assignée à résidence, donnant de mauvaises priorités à nos régimes politiques, sociaux et économiques. C'est à ce niveau que la menace pour la démocratie réside.

D'où un sentiment, individuel et collectif, de dépendance sans issue face à la finance, qui atteint parfois des proportions insoutenables. La finance peut-elle être réconciliée avec la démocratie ? N'est-ce pas une utopie ? Peut-on, comme le dit Victor Hugo dans *Les Misérables*, « limiter la pauvreté sans limiter la richesse » ?

L'émergence de la ploutocratie[7]

Cet égoïsme des financiers et des marchés, que nos gouvernants protègent et nourrissent, est devenu intolérable dans un monde où son côté obscur et malveillant éclate au grand jour. Au menu, il ne s'agit pas de dames patronnesses et de leurs bonnes œuvres. Il s'agit d'équité. Il s'agit d'un droit imprescriptible à la justice. C'est une question éthique. Mais pour y répondre, il faut en décortiquer tous les aspects sans se perdre dans le labyrinthe de sa technicité et de sa logomachie afin de le révéler dans son évidence : un monde ploutocratique.

Tous et chacun, nous tentons de manière aussi maladroite qu'inefficace de nous libérer de ces contraintes. Nombreux sont les ménages qui ont subi en 2008 un abus de pouvoir de la part de leurs banquiers, principalement aux États-Unis. On a fait croire à des travailleurs au salaire minimum qu'ils pouvaient s'offrir une très belle maison malgré leurs très faibles moyens. Le manque de connaissances de gestion des finances personnelles, et plus globalement d'éducation financière, y est pour beaucoup.

Rappel des épisodes précédents

Pour comprendre la situation actuelle, il est important de rappeler le contexte qui a dominé les marchés financiers depuis la crise dite « Lehman Brothers » en 2008.

L'attention s'est focalisée sur le renforcement de la structure bilantaire des banques et des sapeurs-pompiers, les banques centrales se sont muées en un gigantesque accumulateur d'actifs financiers : une situation dont elles ne parviennent pas à sortir. C'est par un endettement public explosif que se sont nourries la sortie de crise et la croissance.

Nous voilà donc au pied du mur : les interventions massives des banques centrales sont un luxe des pays riches. Les pays émergents sont au bord du gouffre et leur notation est menacée. Ces pays n'ont pas accès au marché privé des capitaux et dépendent de financements à des conditions usuraires.

AVANT ET APRÈS 2008 : UNE CRISE FINANCIÈRE CLASSIQUE

La crise financière qui a éclaté en 2008 a eu un retentissement considérable. Pour autant, elle était partielle, et pas mondiale. C'est le secteur de la finance qui s'est effondré et seulement des deux côtés de l'Atlantique. 80 % des pertes bancaires se situèrent en effet en Europe et aux États-Unis. Pour la première fois, une crise financière majeure n'est pas le résultat de perturbations macroéconomiques. La finance s'est empalée et ne peut s'en prendre qu'à elle-même. Les régulateurs n'avaient ni la vision ni la compétence pour empêcher cette crise.

Les conséquences ont été dramatiques pour les particuliers, pris au piège des institutions financières. Il faut se rendre à l'évidence : une bulle financière s'est développée et sert d'abord et avant tout le monde de la finance.

À Davos, en janvier 2007, lors d'une session sur l'avenir de la finance, tout baigne dans l'huile. Une croissance est annoncée par les financiers alors que l'économie commence à faiblir. Après une hausse de près de 100 %, la Bourse continue à espérer des lendemains qui chantent. Dans un débat avec le Premier Ministre britannique Tony Blair, l'économiste Nouriel Roubini sonne le signal d'alarme de l'endettement. Dans d'autres cénacles, le discours des chefs d'entreprise est inquiétant : l'affaiblissement de la croissance est indiscutable. Cette déconnexion entre les marchés et l'économie me saute aux yeux. Au Comptoir des entrepreneurs de France Inter, je prédis une crise financière sans pouvoir en définir la cause et le tempo. Au moment où il fallait réduire les risques, le système bancaire clamait sa bonne santé. Lors du World Economic Forum, j'ai compris que les économistes sous-estiment ou ignorent les risques financiers.

S'est ensuivie une crise de confiance, qui n'est toujours pas rétablie, dans les services financiers. Une vague de réglementations financières à travers le monde tente d'éviter que ce soit le contribuable qui ait à payer la facture des déséquilibres bancaires en limitant les risques des fonds propres, de la liquidité et de l'effet de levier. La pandémie de 2020 vient de démontrer que le problème est plus large : c'est une crise de l'endettement qui nous attend.

L'EXPLOSION DE LA DETTE DEPUIS 2008

Lors de la crise de 2020, de nombreuses références à la crise de 2008 ont été faites pour minimiser le risque de crise systémique. C'est mal comprendre qu'elle était d'une ampleur infiniment moindre dans la mesure où elle était limitée à l'Occident et au secteur financier, même si elle a eu des conséquences sur l'économie. La thérapeutique était claire et il n'a fallu que dix-huit mois pour sortir les banques de la salle des urgences.

Si, après 2008, les banques ont été renforcées à coups de réglementations mondiales et certains excès de la finance ont été tempérés, peu de chose a été fait pour assurer une plus grande solidité des marchés financiers. Et rien n'a été accompli pour tempérer la croissance de l'endettement.

Utilisant l'excuse de la crise financière, les banques centrales se sont lancées dans l'aventure d'une politique monétaire « alternative » qui a multiplié leur bilan. Les gouvernements ont bénéficié d'une baisse des taux d'intérêt et ont emprunté massivement en triplant leur endettement.

Ces opérations de *quantitative easing* entreront dans l'histoire économique comme le plus vaste gaspillage de capitaux. Non seulement les gouvernements mais aussi les entreprises et les individus fortunés ont pu emprunter à des taux proches ou en dessous de zéro, au détriment des épargnants, mais les opérations monétaires ont permis dix ans de croissance des marchés boursiers.

En résumé, les riches, les entreprises, les gouvernements et les banques se sont enrichis au détriment des particuliers en les privant d'une rémunération juste du risque qu'ils prenaient en achetant ces titres. La réduction des taux a été pour les épargnants une spoliation ou une taxation cachée.

L'ANNÉE 2020 : UN TSUNAMI VIRAL

L'année 2020 s'est ouverte dans l'enthousiasme, suivie d'une baisse considérable de la croissance avec une question paradoxale : combien de temps les marchés financiers pourront-ils continuer à monter ? On oublie parfois que les indices boursiers ont augmenté de près de 40 % en 2019 et ont connu une légère hausse jusqu'au jour fatidique du 19 février. Mais depuis cette chute, l'indice des 500 plus grandes entreprises américaines a augmenté de 100 %.

Les banques centrales, déjà gonflées par leurs opérations des dix dernières années dont elles n'étaient pas sorties, se sont relancées dans des opérations insensées de rachat d'actifs. En trois mois, la Federal Reserve est intervenue pour 3 billions de dollars, soit l'équivalent de tous le *quantitative easing* des dix années précédentes. La Banque centrale européenne (BCE) est intervenue pour un montant équivalent alors que le produit intérieur brut (PIB) de l'Union européenne est la moitié de celui des États-Unis.

Les banques vont affronter une vague de défauts sur les crédits. À l'heure où ce livre est terminé, nous n'en connaissons pas encore l'ampleur, tant il est vrai que les gouvernements et les banques centrales continuent à injecter des capitaux dans l'économie. Nous ne connaissons pas non plus l'ampleur des dégâts provoqués par les mesures prises pour enrayer la crise sanitaire. La reprise permettra-t-elle de tempérer ce risque ?

Les banques centrales sont aussi les autorités de régulation des banques. Celles-ci refuseront-elles les incitations de la BCE d'augmenter leurs provisions et de réduire les dividendes ? La BCE réfléchit à la possibilité de créer une *bad bank* pour y transférer les milliards d'euros de prêts qui risquent de ne pas être remboursés du fait de la crise liée au coronavirus[8].

Où trouver les moyens de continuer à soutenir une économie en récession sévère durant les prochaines années ? Les pouvoirs publics, applaudis par les entreprises, mènent des politiques qui risquent de coûter cher à l'économie : l'emploi, la consommation et les faillites seront au rendez-vous d'une récession séculaire.

Wall Street au cœur du capitalisme : l'inégalité des richesses

Wall Street est devenu le symbole du capitalisme anglo-saxon : figure emblématique des marchés boursiers, cette rue de New York désigne non seulement la Bourse, mais aussi l'ensemble de ses acteurs. La Bourse en retire des bénéfices importants, et cela lui vaut également des critiques qui seraient mieux adressées aux auteurs des abus de pouvoir qui pullulent à travers le monde. Si elles brassent des capitaux colossaux, les Bourses sont des entreprises de taille moyenne. Elles sont l'épicentre efficace qui redistribue le capital.

Les Bourses sont le carrefour du marché des actions et de divers instruments financiers, fruits de l'innovation financière. Elles jouent un rôle essentiel dans l'évaluation des entreprises et la fluidité des transactions. Elles se sont considérablement modernisées. Elles sont réglementées. Ce ne sont pas elles qu'il faut blâmer, même s'il arrive que des abus y soient commis, et dans de nombreux cas sanctionnés. Elles sont le centre d'un système qui est supposé promouvoir l'équité entre les opérateurs sans vraiment jamais y parvenir. C'est le système qui est en cause, et la responsabilité de son épicentre et des règles qu'elle impose ne peut cependant être totalement écartée.

La complexité des marchés boursiers les rend abscons et incompréhensibles pour les particuliers, qu'ils y participent ou non. Le pouvoir du citoyen passe par l'information et l'éducation.

La puissance des marchés financiers

Pour rétablir un équilibre entre les marchés financiers et la démocratie, il nous faut comprendre quels sont les mécanismes qui favorisent les institutions et les mieux nantis tout en excluant les citoyens moins favorisés. Ils sont infiniment plus subtils que les slogans socialistes, populistes ou syndicalistes ne nous le laissent penser. Pourtant, ces derniers continuent à peupler les discours de gauche avec une inefficacité redoutable. Les discours triomphalistes de ceux qui ont un intérêt puissant dans la hausse des cours ne sont pas plus efficaces. C'est un Circus Maximus dont les gladiateurs ne font pas de concessions. La capitalisation boursière des sociétés américaines représente 150 % du produit intérieur brut (PIB) des États-Unis. Cette force de frappe de 50 billions de dollars donne une puissance considérable aux détenteurs de ces actifs. Peut-elle être tempérée ?

Les marchés financiers sont au croisement de forces financières aux intérêts contradictoires, mais ce sont les acteurs qui assument la responsabilité de ce qui s'y passe. Ce sont eux qui ont établi la dictature des marchés financiers et leurs règles. Dans une définition simple, leur rôle est de mettre l'investisseur et l'émetteur en contact direct, sans l'intermédiation d'une banque ou d'une compagnie d'assurances. Ils financent les entreprises et les gouvernements et sont indispensables au fonctionnement de l'économie.

Depuis quelques années, des économistes non inféodés à des gouvernements, des institutions financières ou des intérêts particuliers ont entamé des recherches qui ne laissent aucun doute sur les dérives que les marchés ont connues. Le diagnostic que pose Raghuram Rajan, économiste et ancien gouverneur de la banque centrale indienne, est sans appel[9] : *les marchés et les gouvernements ont ignoré le bien commun et les communautés.*

L'économiste français Thomas Piketty fait un tableau apocalyptique de l'enrichissement au détriment des populations et affirme que le Covid-19 révèle la violence de l'injustice sociale[10]. Les Prix Nobel français Jean Tirole dans son ouvrage *Économie du bien commun*[11] et Esther Duflo dans *Économie utile pour des temps difficiles*[12] ne laissent aucun doute sur cette évolution tandis que le Belge Paul De Grauwe parle de l'« oscillation entre l'État et le capitalisme ».

Certains acteurs de premier plan comme Jean-Claude Trichet[13], ancien président de la Banque centrale européenne, ou Jacques de Larosière[14], ancien directeur général du Fonds monétaire international, ont eu le courage de nous éclairer sur les défis qu'ils ont dû surmonter face à la pression politique et au déni qui entoure la finance. Ces voix autorisées et beaucoup d'autres remettent en question le discours officiel. Lorsque les économistes Patrick Artus et Marie-Paule Virard parlent de la dernière chance du capitalisme, ils nous mettent en garde[15].

Leur dénonciation des abus nous invite à cette exploration des pouvoirs sous-jacents de cette domination de la démocratie par les marchés financiers. Elle est légitime et nécessaire.

D'autre part, lorsque le ministre des Finances Bruno Le Maire déclare aux rencontres économiques d'Aix-en-Provence que tous les indicateurs économiques sont au vert, ne sommes-nous pas en droit de poser la question de l'authenticité du discours public[16] ?

La cause n'est pas perdue

Point n'est besoin d'espérer pour entreprendre
Ni de réussir pour persévérer.

Guillaume D'ORANGE-NASSAU,
dit le Taciturne

L'ensemble de ces mécanismes pourrait donner l'impression que la cause est entendue. Ne perdons pas de temps à essayer de détruire la Sainte Alliance des grosses fortunes, des entreprises et des gouvernements. Elle est tellement puissante que nous serions des don Quichotte si nous tentions de nous battre contre elle !

Au cours d'un demi-siècle de vie professionnelle dans le monde de la finance, j'ai pu voir la manière dont la finance peut changer de perspective et se préoccuper de l'humain. Il y a moyen de démocratiser la finance à trois conditions : en avoir la volonté, le courage et la connaissance.

Les grands discours révolutionnaires ne feront rien à l'affaire si nous n'élisons pas des politiciens intègres prêts à remettre l'église au milieu du village. Examinons de plus près les défis financiers de notre époque. Nous y trouverons des aspects sur lesquels nous pouvons agir.

N'oublions jamais que les opérateurs de marché partent d'un point de départ qui n'est pas faux : l'ignorance de leurs clients. Les chemins de cette réforme des marchés financiers sont ardus et complexes, mais ils sont réalistes. Le moment est venu de démystifier le rôle des marchés financiers.

C'est une série de réformes qui devront être mises en place. Il n'y a pas de remède miracle : nous allons devoir examiner à la fois le rôle des acteurs, le fonctionnement des marchés financiers et l'idéologie qui les sous-tend avant de pouvoir préciser le contour des réformes sans lesquelles l'exacerbation des inégalités ne pourra que se perpétuer. Ne nous y trompons pas cependant : c'est à un changement complet de perspectives et à une redéfinition des marchés de capitaux que ce livre invite le lecteur.

DEUXIÈME PARTIE

Les acteurs des marchés financiers

Pardon pour les hameaux
Qui ne chantent jamais
Pardon pour les villages
Que l'on a oubliés
Pardon pour les cités
Où nul ne se connaît
Pardon pour les pays
Faits de sous-officiers
Pardon d'être de ceux
Qui se foutent de tout
Et de ne pas avoir
Chaque jour essayé
Et puis pardon encore
Et puis pardon surtout
De ne jamais savoir
Qui doit nous pardonner

Jacques BREL (1957)

Cette chanson de Jacques Brel introduit bien cette partie : ayant pris conscience de cette inégalité insoutenable, la question des responsabilités s'ouvre devant nous. La multiplicité des acteurs rend difficile l'attribution de celles-ci. Savons-nous qui doit nous pardonner pour ces excès et ces abus qui se développent dans la sphère financière ? Commençons par les identifier et analyser leurs rôles.

La nature même d'un système complexe comme celui des marchés des capitaux nous impose de cerner les fonctions et ceux qui les occupent. La diversité de leurs intérêts impose un équilibre dont nous ne savons pas qui a la charge de l'organiser.

Pour pouvoir juger le rôle rempli par les divers opérateurs sur les marchés financiers, il est nécessaire de poser la question de leur responsabilité et des instances auxquelles ils sont redevables.

À qui les financiers ont-ils des comptes à rendre ?

Pour des raisons historiques, la réglementation des marchés des capitaux a été organisée autour des institutions qui y participent : les banques par les banques centrales, les maisons de titres et les bourses par le régulateur des marchés, les investisseurs par des réglementations spécifiques qui gèrent les fonds de placement, les *hedge funds* ou les fonds de pension.

La conséquence de cette structure est une déficience à deux niveaux : le premier, le foisonnement d'activités soumet le cœur du système financier que sont les banques à diverses autorités de contrôle. Aux États-Unis une grande banque émarge auprès de plus de vingt agences gouvernementales. En Europe les banques sont supervisées par la Banque centrale européenne, mais leurs activités sont du ressort de trois autorités différentes qui s'ajoutent aux structures nationales.

Le second se situe au niveau des marchés eux-mêmes. Si nous prenons par exemple le marché des actions, une douzaine d'acteurs sont régulés, mais le marché lui-même ne l'est pas. Il s'ensuit des conflits de réglementation qui permettent aux grands acteurs de se faufiler à travers les mailles du filet. La structure de réglementation verticale ne permet pas la réglementation des marchés eux-mêmes.

La fragmentation des autorités facilite l'irresponsabilité

Autant le monde politique est structuré et hiérarchisé, autant les opérateurs financiers répondent à des autorités diverses et fragmentées.

Nous sommes à Bâle dans les locaux de la Banque des règlements internationaux qui a réuni en 1999 les grands acteurs financiers et bancaires pour faire le point sur l'(in)fameux « bug de l'an 2000 » et les risques d'une explosion de la finance.

Le représentant d'une grande banque internationale européenne soulève le problème de la fragmentation : nous opérons dans un grand nombre de pays et avons reçu 126 demandes émanant des autorités de régulation à travers le monde avec des questionnaires différents. Devant l'impossibilité de répondre à ces demandes, nous nous sommes concentrés sur les quatre autorités les plus importantes et avons adressé aux autres institutions un de ces questionnaires en fonction de leur localisation et de leur domaine. Quelques mois plus tard, nous avons passé la nuit du réveillon du nouvel an sur le parquet du NYSE dans l'attente du black-out annoncé par les informaticiens. C'était un pétard mouillé qui a massivement enrichi les consultants en informatique.

Cette anecdote soulève une question plus fondamentale : l'absence d'une vraie coordination des autorités de contrôle qui font et refont souvent les mêmes enquêtes et recherches. Au sein de l'Union européenne, les États membres ont refusé de déléguer aux instances de régulation le pouvoir de décision sans en référer à la Commission européenne, qui est un organe politique. Elles n'ont pas les pouvoirs de leurs contreparties américaines ou japonaises.

Certes, ils se consultent, se rencontrent et discutent des défis de leurs activités, mais ce qui sort de ce processus coopératif n'a pas le sceau de l'autorité qui reste nationale. Alors que l'activité bancaire est régulée par la Banque des règlements internationaux (BRI) à Bâle, il n'existe pas d'autorité équivalente pour les marchés financiers. L'Organisation internationale des commissions de valeurs (OICV) cherche à mettre en place une réglementation plus stricte concernant des marchés financiers mais ne dispose pas du même pouvoir. Les États-Unis, grands pourfendeurs des autorités multilatérales, n'ont jamais accepté de s'y soumettre.

En Europe, l'Autorité européenne des marchés financiers (AEMF) joue un rôle essentiel, mais limité par un pouvoir de décision qui laisse souvent trop d'autorité aux régulateurs nationaux. Les grands investisseurs sont régulés par l'Autorité européenne des assurances et des pensions professionnelles (AEAPP). Les acteurs bancaires sont sous l'Autorité bancaire européenne (ABE).

Si aux États-Unis, la Bourse est elle-même soumise aux réglementations issues de la crise de 1929, le Securities and Exchange Act of 1934 ne couvre qu'une partie des acteurs financiers : les bourses et les broker-dealers. Les *hedge funds* ont réussi à empêcher la supervision de la Securities and Exchange Commission (SEC), et les acteurs bancaires sont supervisés par la Federal Reserve.

Qu'on le veuille ou non, le pouvoir politique déteste déléguer ses décisions, même à des agences gouvernementales. Les attaques contre l'« indépendance » des banques centrales sont constantes. La première décision que les régimes autoritaires prennent est en général de limoger leurs gouverneurs.

Au-delà de la conformité : la responsabilité sociétale

La question de fond est de savoir si les opérateurs de marché peuvent se contenter d'appliquer les règles de conformité. Cette traduction en français du terme anglais *compliance*, qui est plus proche de l'application des règles, ne fait pas justice à une discipline qui a augmenté en taille et en complexité dans les institutions financières.

N'y a-t-il pas, au-delà des spécificités des différents métiers financiers, une responsabilité sociétale ? La réponse à cette question est loin d'être évidente. Chacun d'entre nous, chaque institution, a en effet, au-delà de son individualité, une responsabilité collective.

La responsabilité de l'entreprise ne s'arrête donc pas à son comportement individuel et à l'enrichissement de ses actionnaires. La conformité aux réglementations ne suffit pas.

La réaction de toute une génération face à des dirigeants d'entreprises et des gouvernements qui ne prenaient pas au sérieux (voir niaient) les risques climatiques a été à l'origine de nouveaux critères que les investisseurs ont développés sous le sigle ESG (environnement, social et gouvernance). C'est incontestablement un outil et un progrès pour les investisseurs responsables. Cette fois-ci, c'est l'aspiration des citoyens qui a nourri ce mouvement de fond : ils voulaient s'assurer que leurs investissements collectifs ne soient pas associés au développement des industries fossiles, au travail des enfants, à la pollution chimique et autres méfaits sur l'environnement. C'est maintenant la dimension sociale qui est scrutée, et certains comportements lors de la crise sanitaire vont amener des révisions sur la gouvernance des entreprises.

Mais la résistance est féroce. La dernière en date vient de l'administration Trump. La nouvelle règle imposée par le ministre des Finances (*Secretary of the Treasury*) Steven Mnuchin restreignait l'utilisation des considérations environnementales, sociales et de gouvernance dans la prise de décisions en matière d'investissement. Elle a été édictée fin juillet 2020 pour les fonds de pension fédéraux : seuls les risques et rendements financiers peuvent être pris en compte dans la gestion des fonds de pension ; les « objectifs non pécuniaires » ne peuvent pas guider les investissements des fonds de retraite fédéraux.

Cet exemple donne une idée de la responsabilité des investisseurs et des entreprises dans lesquelles ils investissent. La réponse traditionnelle « cela n'est pas mon rôle » commence de plus en plus à apparaître comme un refus de responsabilité. C'est l'Europe qui a été la première à adopter ces critères. Elle est en avance sur ce terrain par rapport aux États-Unis et à l'Asie.

Une prise de conscience semble émerger dans le monde des entreprises et de récentes obligations de publier des informations en matière d'environnement constituent un mouvement qui ne peut plus être ignoré. Ma crainte est que la mainmise des cabinets d'avocat dilue ces nouvelles obligations, comme ils l'ont fait pour d'autres mesures de transparence.

La collusion d'intérêts facilite la manipulation

Au-delà de leurs intérêts spécifiques, les institutions qui font partie de l'écosystème financier ont un objectif commun : le bon fonctionnement des marchés.

La finance ne peut asseoir son pouvoir et en abuser sans le soutien d'acteurs qui bénéficient de ce qu'elle apporte et de ce qu'elle rend possible. Elle est au centre d'une série de réseaux puissants. Que ce soit *via* les conférences ou les associations, les diverses composantes des marchés financiers disposent d'une capacité de s'organiser pour favoriser leurs intérêts collectifs, mettant de côté leur concurrence.

Les marchés rassemblent les investisseurs, les emprunteurs, les entreprises. « Wall Street » est devenu le nom commun de ces marchés, mais aussi de ceux qui y participent à un titre ou un autre. C'est également le lieu de rencontre de l'idéologie des marchés financiers. Les acteurs se rencontrent à travers le monde et vont chercher les meilleures opportunités.

Comme dans toutes les structures de pouvoir, autour des acteurs les plus importants, une armée d'acteurs satellitaires s'accrochent à leurs guêtres. Consultants, avocats, comptables, lobbyistes et même les médias cherchent à tout prix à obtenir une part du gâteau. Ils ne sont soumis à aucune réglementation.

Leur multiplicité ne permet pas de blâmer l'un ou l'autre acteur pour les abus structurels des marchés. « Tous coupables » ? C'est en s'attaquant aux mécanismes que l'on arrive à identifier les réformes nécessaires. La complicité du secteur public solidifie un système dont l'humanisme semble de plus en plus déficient. C'est tout le défi d'un avenir incertain.

L'affaiblissement du contrôle démocratique

Dans un système où les marchés ne sont pas régulés en tant que tels, mais où la réglementation vise les institutions qui en font partie, il est impossible d'effectuer un contrôle démocratique efficace. Sur les grands marchés des capitaux où œuvrent diverses catégories d'opérateurs, la combinaison des réglementations ne permet pas de couvrir l'ensemble. La fragmentation du contrôle rend inefficace celui du système lui-même.

Cette faille fondamentale explique la facilité avec laquelle les diverses forces qui s'empoignent sur les marchés financiers le font selon leur propre loi. Pour que la démocratie ne devienne pas la victime de ces forces centrifuges, il faudrait une réglementation des marchés eux-mêmes, et de l'ensemble des participants. De nombreuses voix se sont élevées dans ce sens, mais la difficulté de la tâche est considérable.

L'abus de droit et le conflit d'intérêts à l'intérieur des marchés financiers sont monnaie courante. Encore faudrait-il qu'une réglementation des marchés boursiers soit soutenue par des principes communs qui s'appliqueront à tous les opérateurs dans le cadre de chaque activité.

Les piliers : émetteurs et investisseurs à la recherche du profit

Le cœur des marchés financiers est la rencontre entre les émetteurs et les investisseurs. C'est ce que l'on appelle l'intermédiation directe, où le même instrument est émis par l'entreprise ou l'État et acheté par l'investisseur sans passer par le bilan d'une institution financière ou par une forme de transformation. Pour les entreprises, c'est un élément crucial de leur stabilité financière : en effet, les marchés obligataires permettent d'obtenir de la dette à taux fixe ainsi que des variations sur ce thème que le système bancaire n'est pas en mesure de fournir. Compte tenu des fonds propres que les banques doivent allouer pour octroyer des crédits, il est stratégique pour les entreprises de ne pas dépendre uniquement du financement bancaire. Il en va de même du marché boursier où elles obtiennent des capitaux propres.

Les entreprises à la recherche de fonds propres et de financement à long terme

Les acteurs primaires des marchés financiers restent les entreprises qui financent leurs investissements et leur croissance par des émissions d'actions. Elles sont le fer de lance de l'économie. Ce sont elles qui génèrent les emplois productifs. Ce sont elles qui fournissent biens et services. Ce ne sont pas les gouvernements. C'est précisément en raison de cette mission essentielle que leur rôle ne peut pas se limiter à elles-mêmes, mais s'étend à la société dans son ensemble et sa diversité.

Si, dans une première phase de leur existence, les entreprises ont accès à des investisseurs privés, lorsqu'elles atteignent une certaine taille, elles cherchent à obtenir des fonds propres au-delà du cercle de leurs actionnaires initiaux. Certaines d'entre elles trouveront des capitaux privés, d'autres se feront racheter, mais nombreuses sont les entreprises qui choisissent de se financer à travers le marché boursier.

Autant les banques sont en mesure de financer les entreprises sous forme de prêts, autant la chose leur est impossible pour les fonds propres. Le marché privé ou public des actions s'est considérablement développé. De nouveaux acteurs comme le capital-risque (*venture capital*), les fonds de capital-investissement (*private equity*), les fonds souverains et les fonds de pension ont permis le financement par actions des entreprises. Récemment, une nouvelle forme de cotation en Bourse s'est développée : les Special Purpose Acquisition Companies (SPAC). Nous reviendrons sur les problèmes qu'elle soulève en matière de protection et d'information des actionnaires[1].

Le marché public (la Bourse) reste la principale source de fonds propres à travers le monde.

L'ACCÈS AUX CAPITAUX ÉTRANGERS

Ayant contribué à l'introduction en Bourse de New York de 256 sociétés non américaines, je pense avoir une idée suffisamment large des besoins et des motivations des entreprises qui décident d'être cotées en Bourse en dehors de leurs frontières.

• Dans une première phase, ce furent les privatisations de grands groupes détenus par le secteur public qui ont nourri cette activité. Le développement des marchés en dehors des États-Unis ne permettait pas de lever les capitaux nécessaires à ces opérations. C'est sur le New York Stock Exchange que la grande majorité de ces privatisations se sont déroulées. La conséquence de ce mouvement a été de soumettre des entreprises parfois encore majoritairement détenues par l'État aux règles du marché américain. Si la Bourse vérifiait la conformité aux critères de cotation, le gros du travail était soumis à l'examen exhaustif de la SEC, l'agence fédérale du gouvernement américain.

• La cotation d'une action au NYSE est une sorte de « sceau d'approbation » qui apporte une valeur considérable à l'entreprise dans ses activités tant aux États-Unis qu'autour du monde. Cet événement a souvent été l'occasion d'une opération de marketing financier spectaculaire. Aussi étonnant que cela paraisse, c'est une motivation qui a permis à de nombreuses entreprises de se faire connaître ou de faire connaître leurs produits à travers le monde. Ainsi, Alstom fera connaître le TGV par une maquette grandeur nature qui devait être suivie quelques années après d'un wagon du Trans Europe Express. SAP transformera Wall Street en terrain de volley-ball.

La cotation de France Télécom en septembre 2004 reste un de ces événements. Sous la houlette de Marie-Monique Steckel qui dirigeait les opérations américaines de l'entreprise, l'espace en face de la Bourse fut transformé en café français avec croissants et cafés. Au balcon, des jeunes femmes dansaient le french cancan. Il y avait cependant un problème à résoudre : comme il s'agissait d'une privatisation, l'entreprise se devait d'avoir un événement au palais Brongniart où siège la Bourse de Paris. Pour arriver à combiner les deux localisations, les hôtes de France Télécom, dont un contingent fourni de ses employés, furent emmenés en Concorde après la cérémonie à Paris sous la houlette du président Michel Bon. Ils arrivèrent à 15 h 30, soit une demi-heure avant la sonnerie de la cloche de fermeture du marché à 4 heures. Cela ne serait plus possible aujourd'hui… Le Concorde nous a lâchés.

• Trouver un accès aux capitaux américains est un objectif financier important pour les grandes entreprises mondiales en raison de la taille du marché et de son influence sur la valorisation des entreprises. Cela représente cependant une obligation d'information régulière, transparente et lourde.

Quelques semaines après les événements du 11 Septembre, la Deutsche Bank cote ses actions en Bourse de New York. Ce jour-là, les banques ont décidé de favoriser les transactions avec la Deutsche Bank qui a souffert énormément dans l'attaque, son siège ayant été détruit. Le comité de direction et son président, Rolf Breuer, sont venus en bus privé pour pouvoir repartir rapidement pour une réunion d'analystes à l'hôtel Pierre. Le président Bush avait en effet décidé de tenir un événement de soutien à Wall Street ce jour-là. Lorsque nous sortons du 11 Wall Street, les services de sécurité nous interdisent de retrouver le bus. Une seule solution : le métro. J'ai emmené le comité de direction de la Deutsche Bank à la station la plus proche et utilisé mon abonnement pour les faire passer un par un…

Si ce mouvement vers les États-Unis a considérablement diminué cette dernière décennie, c'est que les marchés européens, principalement la Bourse de Londres, Euronext née de la fusion des Bourses d'Amsterdam, de Bruxelles et de Paris, et la Bourse allemande, se sont développés et ont permis des opérations comme la privatisation d'EDF sans devoir faire appel aux capitaux américains. Il en va de même du marché japonais et du rôle de la place de Hong Kong dans la cotation d'entreprises chinoises.

La scène se passe dans les locaux du Sénat à Washington en 1998. Avec ma collègue Sheila Bair du NYSE, qui devait devenir la présidente de la Federal Deposit Insurance Corporation au moment de la crise de 2008, nous sommes reçus par un sénateur soucieux de bloquer la cotation d'une entreprise chinoise, China National Petroleum Company. Le lobby antichinois du congrès américain (financé par Taiwan) veut arrêter cette mise en Bourse. Pour nous convaincre, il projette une vidéo montrant les horreurs perpétrées par le gouvernement soudanais sur les chrétiens du sud du pays. La Chine est le principal acheteur de pétrole soudanais, à travers la CNPC. Un compromis sera trouvé par Robert Hormats de Goldman Sachs, en créant une filiale de CNPC, PetroChina, qui n'intègre pas les activités avec le Soudan. La SEC n'aurait pas pu autoriser cette mise en Bourse si le congrès s'y opposait.

Cette activité s'est considérablement politisée : si les obligations de transparence doivent être appliquées à toutes les sociétés étrangères cotées sur un autre marché, des mesures ont été prises par les États-Unis, et récemment le Royaume-Uni, pour éviter que ces cotations deviennent un cheval de Troie menaçant la sécurité du pays d'accueil.

Les déboires des sociétés chinoises ont défrayé la chronique à tous niveaux : les trois principales sociétés de communication chinoises ont été contraintes de quitter le NYSE en raison de leurs liens supposés avec l'Armée de libération du peuple. Récemment, des interventions tardives et politiques ont empêché la cotation d'une filiale d'Alibaba, ANT, de se coter en Bourse de Hong Kong. L'intervention à la dernière minute des autorités chinoises au moment de la cotation de l'entreprise Didi a fait chuter son cours de Bourse de 25 %. On est loin de la visite du président Jiang Zemin en 1997 à la Bourse de New York.

LES DÉFIS DE L'ENTREPRISE COTÉE EN BOURSE

Ne devient pas une société cotée qui veut.

Les fourches caudines de l'approbation par les autorités de contrôle des prospectus d'émission et de l'information fournie par les entreprises sont un processus fastidieux, coûteux mais nécessaire pour assurer la bonne information des actionnaires. Elles sont à l'origine des SPAC, mais la SEC rattrapera l'entreprise lors de la présentation de ses comptes annuels.

S'ensuit la conformité de l'entreprise par rapport aux critères de taille qui sont fixés individuellement par les bourses.

À la base de ces conditions, il s'agit de garantir que les actions pourront atteindre un volume de transactions permettant d'assurer leur négoce de manière fluide. Cela inclut des critères d'actionnariat. L'entrée en Bourse s'accompagne le plus souvent d'une émission d'actions qui seront largement vendues à l'épargne publique.

Si coûteuse que soit la mise en Bourse, c'est après la cotation que les choses sérieuses commencent. Les autorités de marché (l'Autorité des marchés financiers en France, l'Autorité des services et marchés financiers en Belgique, la Securities and Exchange Commission aux États-Unis…) vont en effet imposer une série d'obligations de transparence et de conformité. À titre d'exemple on retrouvera :

- la gouvernance de l'entreprise et la présence d'administrateurs indépendants ;
- la publication trimestrielle de résultats ;
- l'audit des comptes par des firmes accréditées ;
- la transparence de l'information.

À cela s'ajoute une relation suivie avec les investisseurs sous forme d'événements (*road shows*) ou de rencontres individuelles qui sont essentielles, même si leur contenu est limité aux prospectus d'émission ou aux informations publiées par l'entreprise : toute infraction à ces règles conduirait à des risques de délits d'initiés qui ont pesé notamment sur la mise en Bourse de Facebook[2].

Une société cotée en Bourse se doit de rendre des comptes à ses actionnaires. Cette communication est un métier qui implique le soutien de firmes spécialisées en relation avec les investisseurs, mais surtout un engagement réel de communication par les dirigeants et le service de relation avec les investisseurs dont le rôle s'est accru au fur et à mesure que les besoins augmentaient. Récemment, des déficiences des comptes publiés par la société et de leurs auditeurs, parfois accompagnées de contrevérités, ont provoqué des scandales en Allemagne (Wirecard), aux États-Unis (Greensill et Archegos) ou en France (Casino, Solutions 30).

LA GOUVERNANCE DES ENTREPRISES COTÉES EN BOURSE

La cotation en Bourse d'une société est l'une des opérations les plus fondamentales de sa gouvernance. Elle transforme inévitablement la culture d'une entreprise et son tissu social. Les sociétés privées sont en général détenues par des actionnaires entrepreneurs ou institutionnels. Un accord entre ceux-ci et la direction de l'entreprise fixe les budgets et la stratégie à long terme.

Lors de l'introduction en Bourse, les règles de gouvernance du pays d'établissement de la société s'imposent. Tout se passe comme si le dialogue entre les actionnaires et l'entreprise était remplacé par une relation triangulaire dans laquelle, subrepticement, un nouvel interlocuteur composé d'investisseurs institutionnels et de particuliers s'était introduit dans la gestion de l'entreprise.

Quelques exemples permettent de donner une idée de cette transformation :

- Les résultats trimestriels donnent lieu à une information publique qui force les dirigeants, qu'ils le souhaitent ou non, à s'expliquer sur des évolutions de court terme. Ce changement d'horizon a des effets positifs et néfastes. Le plus grand risque est la soumission de la stratégie de long terme à des considérations de court terme.

• Les dirigeants ne sont plus rémunérés par rapport à la rentabilité de l'entreprise, mais par rapport à la performance du cours de Bourse de l'action. Cela induit des comportements qui sont souvent justifiés par leur intérêt personnel quand ils ne vont pas, comme Steve Jobs, le patron d'Apple, jusqu'à antidater leurs options[3].
• La transparence est une bonne nouvelle, même si elle a parfois des inconvénients. Comment assurer une communication d'entreprise compatible avec une communication actionnariale ? Ce n'est pas la même chose. La fluidité de l'information est corsetée et y perd souvent en spontanéité.
• Le chef d'entreprise qui rencontre des investisseurs ou des analystes financiers parle au travers de présentations codées par les financiers et les juristes pour lui éviter tout risque. La communication actionnariale est une lourde charge. Je me souviens notamment des réunions avec une grande entreprise japonaise que nous conseillions dans la communication des résultats annuels au moment de la pandémie où nous n'étions pas moins de cinquante participants.

Les investisseurs à la recherche d'actifs productifs

Le spectre des investisseurs va du particulier aux fonds de pension en passant par tout le kaléidoscope des canaux par lesquels ils décident d'investir leurs actifs. La variété de leurs objectifs est immense et va de l'altruisme à la spéculation en passant par la création de valeur. C'est cette diversité qui explique l'existence même des marchés financiers. Si tous les investisseurs avaient les mêmes objectifs, il n'y aurait pas de transactions.

Un investisseur cherche, par définition, à valoriser son investissement. Mais est-ce bien la seule motivation ? Lorsqu'il représente des capitaux importants, ne doit-il pas se poser la question de son impact ?

Mais surtout, quel est son horizon d'investissement ? Soumis souvent à la publication de leurs comptes trimestriels, de nombreux investisseurs et gestionnaires de capitaux ne peuvent ignorer leurs performances à court terme. Il y a un océan entre une compagnie d'assurances-vie et un fonds spéculatif. Leur raison d'être est fondamentalement différente. Si cela crée un marché des capitaux robuste, l'impact est divergent.

LA DIVERSITÉ DES INVESTISSEURS FRAGMENTE LES MARCHÉS

La combinaison de la nature de ces investisseurs et de leurs objectifs est la principale source de la liquidité des marchés.

L'importance des **investisseurs individuels** a diminué de manière drastique au cours des dernières décennies. Cette évolution crée un décalage entre le citoyen et l'investisseur particulier. Dans la plupart des cas, il s'agit d'une épargne qui vise à assurer des ressources additionnelles et, en priorité, une retraite bien méritée que les pensions d'État ne suffisent pas à financer.

De plus en plus, l'investisseur voudrait voir évoluer dans la conduite des entreprises son attention au changement de climat, son rôle social ou sa gouvernance pour des raisons sociétales. Il n'est pas en mesure de le promouvoir directement mais par l'intermédiaire des gestions d'actifs. Son droit de vote est dilué dans la décision de l'entreprise. Cela explique la méfiance des investisseurs face aux grandes entreprises cotées dont le discours apaisant n'est pas toujours confirmé par leurs actions.

La pandémie a d'autre part provoqué un regain d'intérêt des particuliers qui de 10 à 15 % du volume des bourses ont vu leur part doubler. On y retrouve notamment une nouvelle génération d'investisseurs férus d'utilisation de plateformes digitales permettant d'effectuer des transactions sur un téléphone ou un écran.

Il existe des **groupes familiaux** qui sont investisseurs « à vie ». Même parmi les familles, au fur et à mesure que les générations se sont succédé, le nombre d'actionnaires a augmenté et avec lui un relâchement de l'attachement à la société familiale. C'est à travers la Bourse que ces familles ont finalement réussi à obtenir une liquidité permettant aux jeunes générations de vendre leurs actions. Elles souhaitent généralement continuer à gérer l'entreprise. Elles ont leur propre fragilité au fur et à mesure que les successions diluent l'actionnariat entre un nombre croissant d'actionnaires familiaux dont une partie souhaite vendre leur participation.

Les **investisseurs institutionnels** ont un horizon de temps qui oscille entre le court, le moyen et le long terme. Les fonds spéculatifs (*hedge funds*) cherchent des résultats à très court terme. Les fonds de capital-risque sont dans le moyen terme (sept à dix ans) et les compagnies d'assurances, fonds de pension et autres sociétés holdings ont toute la vie devant eux. Très souvent, le montant de leur investissement sera influencé par la « liquidité » de l'action de manière à leur permettre de vendre en quelques jours sans pour autant influencer le cours de Bourse.

Une grande exception reste **Berkshire Hathaway, société d'investissement** créée par Warren Buffet dont les titres ont explosé de 7 000 à plus de 300 000 dollars en vingt ans. Sauf cas spécial, elle reste actionnaire des entreprises sur une longue durée. Mais elle n'est pas la seule : beaucoup de sociétés financières détiennent des participations durables.

Le développement des **fonds de capital-investissement (*private equity*)** va dans le même sens. La plupart d'entre eux ont une durée de sept à dix ans. Ils doivent donc trouver un moyen de vendre avec un profit annuel qu'ils évaluent à 20 % leur participation dans des entreprises privées. C'est pour cela que leur sortie entraîne souvent une cotation en Bourse, qui est leur meilleure stratégie de sortie. Trop fréquemment, les actionnaires fondateurs se sont laissé prendre au miroir aux alouettes que leur tendaient ces fonds : ces derniers pratiquent une gestion qui n'est que fonction du profit obtenu, quitte à laisser l'entreprise exsangue en lui collant de la dette pour se rembourser de tout ou partie de leur prix d'achat.

La grande majorité de ces fonds sont cependant de vrais développeurs d'entreprises et vont, à travers les entreprises dans lesquelles ils détiennent une participation, permettre innovation et développement. Il ne faut cependant jamais oublier que rares sont ceux qui détiennent une participation pendant plus de dix ans. Leur horizon est donc limité.

Les **fonds communs de placement** attirent des investisseurs particuliers et institutionnels. La plupart d'entre eux sont des investisseurs à long terme, mais il est important que le marché boursier leur fournisse une porte de sortie à tout moment en cas de coup dur, ou simplement lorsqu'ils ont décidé de vendre leurs actions. Leurs actifs sont souvent gérés par des sociétés spécialisées

La **gestion de fonds et d'actifs** est un métier qui se décline sous forme de banques privées, de gestionnaires de fonds ou de portefeuilles d'investissements. Cette industrie a connu des évolutions qui ont concentré dans quelques mains des montants qui se chiffrent par billions. Il n'existe aucune limite réglementaire à cette concentration. C'est probablement là que les tendances sociétales peuvent s'infiltrer et exercer leur influence. Le marché étant dominé par trois firmes américaines : BlackRock, State Street et Vanguard. La question qui se pose est l'usage qu'elles font d'un droit de vote important en assemblée générale.

Au cours de ces dernières années, les **fonds spéculatifs** se sont développés pour atteindre des montants importants. Dans leur grande majorité, ils investissent en actions cotées. Ce sont aussi des investisseurs de court terme. Le marché boursier est le cœur même de leurs activités. Leurs propres actionnaires cherchent des gains à court terme et leur financement provient largement des banques. Les *hedge funds* ont mauvaise réputation depuis la crise de Lehman. Il est important de distinguer ceux qui recherchent la croissance et ceux qui cherchent le profit immédiat.

L'État actionnaire ou le double langage

« *Do as I say, not as I do.* » Faites ce que je vous dis, pas ce que je fais.

Cette expression s'applique à merveille aux actionnaires publics. C'est en effet des pouvoirs publics qu'émanent les règles de gouvernance. Lorsqu'il s'agit de les respecter dans des entreprises où ils sont actionnaires, majoritaires ou largement minoritaires, la musique change.

L'État est actionnaire, dans les meilleurs des cas, pour s'assurer que, dans des secteurs stratégiques, les entreprises se comportent d'une manière qui ne met pas en péril leurs politiques. Le dérapage vient d'une volonté de contrôler l'économie à travers cet actionnariat, même s'il est minoritaire. Les conseils d'administration des entreprises où l'État est minoritaire sont souvent serviles et hésitent à s'opposer à des manœuvres qui ne favorisent pas les entreprises, mais les intérêts publics. La France et l'Italie en sont particulièrement friandes.

Il est difficile d'accepter les limites qu'impose la gouvernance à son pouvoir politique. L'actionnaire public estime en effet que ses droits sont ceux de l'État, pas nécessairement ceux d'un actionnaire, fût-il extraordinaire.

Les exemples multiples et variés d'abus de droit par les actionnaires publics fourmillent. Sans aller bien loin, le plus bel exemple restera en France la loi Florange.

L'objectif de la loi Florange était de favoriser l'actionnariat à long terme, en attribuant de manière automatique un droit de vote double, dans les sociétés dont les titres sont admis aux négociations sur un marché réglementé, à toutes les actions détenues à titre nominatif par le même actionnaire depuis au moins deux ans. Ce droit de vote double peut, toutefois, être supprimé par l'ajout, dans les statuts, d'une clause adoptée à la majorité des deux tiers au cours d'une assemblée générale extraordinaire. Les assemblées générales d'entreprises telles que Vinci, BNP Paribas, Crédit Agricole SA, Unibail-Rodamco, Capgemini, ou encore L'Oréal ont approuvé massivement le maintien de la règle historiquement en vigueur. En fait, de telles résolutions n'ont été rejetées que pour les entreprises disposant d'actionnaires de référence désireux de maintenir ou de renforcer leur influence, en l'occurrence Renault, Vivendi et Veolia. Tout cela sous la présidence de François Hollande, qui a permis à l'État de pratiquement nationaliser Renault sans devoir débourser un euro. Lorsque la nationalisation de Renault est revenue sur le tapis en 2018, je m'étais permis de préciser dans mon blog du monde.fr que cette nationalisation n'était plus nécessaire, vu le doublement des droits de vote de l'État[4].

L'État devrait se montrer exemplaire en matière de gouvernance s'il veut disposer de la confiance et d'une crédibilité lui permettant d'appliquer ses propres réglementations. Mais il préfère souvent user ou abuser de son pouvoir politique. L'Élysée et/ou Bercy sont souvent les arbitres en France quand ils ne se transforment pas en département fusions/acquisitions.

Le capitalisme à la française, dont on vient de retrouver des exemples criants dans l'opération LVMH-Tiffany et Veolia-Suez, est en fait un capitalisme d'État dans lequel le ministre des Finances français prend parti dans des désaccords entre entreprises lors d'opérations de fusions/acquisitions.

La loi Pacte[5] *devait ouvrir la voie à un capitalisme responsable. La bataille entre Veolia et Suez, quelle que soit son issue, aura montré que, pour l'instant, c'est une illusion. Certes, Paris n'est pas Wall Street, mais nous ne faisons pas mieux, sinon pis. Le capitalisme français est encore dominé par les intérêts des seuls actionnaires, voire par l'égoïste désir de puissance de tel ou tel dirigeant, écrivait fort à propos Jean Peyrelevade dans* Les Échos[6].

Les opérateurs à la recherche de la liquidité

Le monde des opérateurs boursiers est parfois difficile à discerner. Pour la simplicité de mon propos, je distinguerai les parties prenantes dont le métier est d'effectuer des transactions pour le compte des investisseurs, sans oublier que les investisseurs et les émetteurs sont les parties les plus importantes. La caractéristique de ce monde est qu'ils n'agissent pas avec un objectif de devenir actionnaires et ne restent propriétaires d'actifs financiers que pour un temps très court. Ce ne sont pas des investisseurs.

Leur rôle se situe donc à la marge, puisque leur détention d'actifs financiers se fait uniquement pour assurer leur capacité d'intervenir sur ces marchés et est précaire. Ils font parfois beaucoup plus de bruit que les émetteurs et les investisseurs, et ont généralement en leur sein des équipes de recherche dont l'objectivité a des limites puisqu'elles ne peuvent pas mettre en péril les intérêts des autres activités de leur institution.

Ce sont les opérateurs qui dominent le trading, parfois par ordinateurs interposés, et confèrent aux marchés des capitaux leur horizon de court terme.

Les teneurs de marché entre le volume et l'investissement

Les teneurs de marché ne se contentent pas seulement de négocier des titres : ils publient un prix à l'achat et à la vente pour les titres dont ils assument cette fonction. Ce faisant, ils allouent du capital à cette activité et prennent le risque de l'impact des fluctuations de cours sur les titres qu'ils détiennent pour remplir cette fonction qui ne peut s'exercer qu'en acceptant d'être propriétaire de titres, fût-ce pour une nanoseconde. Ils constituent un rouage essentiel dans la mesure où ils assument et corrigent les microfluctuations entre acheteurs et vendeurs et se rémunèrent sur la marge entre le prix d'achat et de vente qu'ils annoncent et négocient. C'est une activité qui contribue à la liquidité du marché. Elle est légitime et essentielle au bon fonctionnement des marchés des actions et des obligations. La taille de ces derniers dépend des capitaux propres alloués par chaque institution financière à cette activité.

La croissance des marchés a concentré ces activités entre les mains des filiales spécialisées des grandes banques et de quelques banques d'affaires comme Goldman Sachs et Morgan Stanley. Cette concentration pose des problèmes auxquels il est difficile de faire face : leur pouvoir pose une question de démocratie. Même s'il serait abusif de parler de collusion, la communauté d'intérêts financiers qu'ils représentent et leur concentration en font une force incontrôlable. Lors de tensions sur un titre ou un marché, ils seront les premiers à réagir et, souvent, à accentuer ces fluctuations.

C'est une des sources de pouvoir, et parfois d'abus de pouvoir ou de fraude que les autorités de régulation sont amenées à contrôler pour éviter que les teneurs de marché ne favorisent la gestion de leur propre activité au détriment de ceux qu'ils sont supposés servir : les entreprises et les investisseurs.

C'est cependant la voix des traders qui domine le débat médiatique. C'est auprès d'eux que se renseignent les journalistes et trouvent des interprétations qu'ils prennent pour la voix du marché, alors que ce ne sont que des opinions à court terme sur l'état du marché.

LE TRADING ALGORITHMIQUE : UNE MÉCANIQUE DU COURT TERME

Ce que l'être humain ne peut pas faire, pourquoi ne pas le confier à des ordinateurs ou des robots programmés pour favoriser les sociétés de trading ? Il n'a pas fallu longtemps pour que l'informatique s'empare de cette activité qui se traite en microsecondes pour des montants importants.

L'algorithme de trading s'appuie sur un modèle économique et mathématique sophistiqué pour analyser le marché et exécuter une stratégie d'investissement prédéterminée. L'exemple le plus simple est l'algorithme de trading qui a pour fonction de découper les ordres portant sur de grosses quantités en ordres plus petits et d'émettre ceux-ci suivant un minutage bien précis vers une ou des plateformes judicieusement choisies de façon à optimiser les conditions d'exécution (prix d'achat ou de vente et frais de transaction)[7].

L'opérateur le plus important sur les marchés boursiers est l'ordinateur : 65 % des volumes traités aux États-Unis le sont sous forme algorithmique[8]. Cela ne veut pas dire que l'être humain est absent : c'est lui qui fixe les paramètres des programmes et capte, avec l'intelligence artificielle, les données de lecture des mouvements de marché.

Contrairement à l'impression que ce trading est neutre, il contient en lui-même des éléments qui inquiètent :

- Malgré les dénégations des traders à haute fréquence, ce type de négoce ne respecte pas le principe d'égalité d'accès aux marchés : seuls les institutions et les individus les mieux dotés parviennent à passer avant les autres.
- Tant est grand le pouvoir que les systèmes informatiques ont pris au sein des grandes banques que personne ne semble avoir une compréhension globale et fine de leur mécanisme.
- Le trading à haute fréquence présente l'inconvénient majeur d'augmenter la volatilité des marchés en amplifiant ses cadences.

Cela renforce encore ma certitude que les mouvements boursiers de court terme répondent à une pure logique de l'offre et de la demande, et non à des considérations stratégiques.

Les brokers au service de l'investisseur

Ceux qui s'appelaient des agents de change ont connu une évolution qui a pratiquement transformé cette fonction fondée sur une relation personnelle entre l'investisseur particulier et une firme ou une personne qu'il ou elle connaissait. Ils mesuraient la situation financière de leur client et le conseillaient – tout en effectuant les transactions pour son compte, soit directement sur le parquet de la Bourse, soit électroniquement.

Ce rôle essentiel est actuellement rempli par des institutions financières qui ne sont pas exclusivement dédiées à leurs investisseurs. Il existe cependant des firmes qui se sont spécialisées dans cette fonction de service aux investisseurs : c'est la banque privée, dont la clientèle doit avoir des actifs à investir suffisamment importants.

Les brokers se sont considérablement équipés technologiquement, ils ont développé leurs activités de conseil, se sont dotés d'instruments d'analyse et d'une interface avec leurs clients. Mais la domination des grandes institutions menace leur compétitivité car leur taille ne leur permet pas de concurrencer les teneurs de marché qui agissent également en brokers pour le compte de leurs clients.

Récemment cependant, la SEC a voulu y voir de plus près et a instauré une nouvelle réglementation qui vise à éviter que les brokers vendent des produits financiers (et singulièrement des fonds communs de placement) qui leur paient des commissions plus élevées, quelle que soit la qualité de leur gestion.

Même dans le monde du brokerage, les intérêts entre le client et le conseiller peuvent être divergents. On se souvient notamment des actifs vendus par Bernie Madoff dans une pyramide de Ponzi. Même dans cette profession qui devrait être exclusivement au service des investisseurs, abus et fraudes existent.

Un nouveau type de broker a fait son apparition aux États-Unis : Robinhood (Robin des bois). Accessible depuis un simple portable, cette application est devenue la coqueluche des jeunes et a créé des vocations (dangereuses) de nouveaux investisseurs. Même si récemment, elle a fait l'objet d'une enquête de la SEC[9], elle a réussi à attirer 18 millions d'utilisateurs.

Les banques au cœur des conflits d'intérêts

Les banques sont partout et interviennent à plusieurs titres. Banques commerciales, gestionnaires de fortune, elles opèrent sur le marché de la dette et sont emprunteurs. Elles opèrent sur le marché des actions et émettent leurs propres actions et celles des entreprises. Elles investissent dans les obligations et conseillent les émetteurs. En bref, elles sont un nœud de conflits d'intérêts qui s'est accru depuis que les banques d'affaires ont été rachetées par les banques commerciales.

Sans elles, cependant, les marchés ne pourraient fonctionner : elles sont les seules à disposer des moyens nécessaires pour créer la liquidité, que ce soit des emprunts d'État, des obligations ou des actions.

LA CRISE DE 1929 EXCLUT LES BANQUES DES MARCHÉS DE CAPITAUX.

Leur rôle a connu des vicissitudes historiques majeures.

Tout commence lorsque les marchés s'effondrent en 1929. En quatre ans, les actions vont perdre la moitié de leur valeur et ne retrouveront celle-ci qu'après la guerre. Les banques et leurs clients ont accumulé des actions et la fièvre des investisseurs particuliers conduira à une panique boursière et trois années de récession économique.

En 1933 et 1934, les banques furent exclues par le Glass-Steagall Act de toute activité de trading et de garantie de placement des actions. Cela conduisit à la naissance de banques d'affaires, *merchant banks* et *investment banks*. La House of Morgan fut scindée en trois entités : JP Morgan & Co comme banque de dépôt, Morgan Stanley pour les activités de banque d'affaires et banque d'investissement, et Morgan, Grenfell & Co. pour certaines activités en dehors des États-Unis, en l'occurrence à Londres.

Le Glass-Steagall Act consistait en fait en quatre dispositions du Banking Act de 1933, sans doute l'élément le plus important de la législation financière américaine issue de la Grande Dépression, législation qui couvrait également une assurance-dépôt et d'autres réformes conçues pour restaurer et maintenir la stabilité financière. L'une des principales dispositions de la loi préconisait une séparation quasi totale des activités de banque d'investissement (le commerce) de celles de collecte de fonds (la banque). Les sociétés dotées d'un agrément de banque commerciale ont ainsi été exclues des opérations de marché et de titres, en particulier la prise ferme et la négociation de titres de créances d'entreprises, de titres de capital et des municipal revenue bonds[10].

Pourquoi les banques du continent européen n'ont-elles pas été scindées ? La réponse dépend de la culture de chacun des pays. L'Allemagne permettait aux banques de contrôler les entreprises en étant actionnaires directs, d'opérer sur les marchés des actions et d'avoir l'exclusivité des entrées en Bourse :

elles furent un acteur essentiel du financement de l'effort de guerre du IIIe Reich. Les banques d'affaires en France se sont essentiellement limitées à des activités de conseil, laissant aux grandes banques le soin d'être actives sur les marchés financiers : ce sont les Lazard et Rothschild. En Italie, Mediobanca fait et défait les entreprises et les gouvernements. Au Japon ce sont les *securities company* comme Nomura.

LA FIN DU GLASS-STEAGALL ACT OU LE RETOUR DE LA BANQUE UNIVERSELLE AUX ÉTATS-UNIS

Le secteur bancaire américain a mal vécu cette exclusion et tenté de faire évoluer la réglementation du Glass-Steagall Act qui lui fermait la porte des activités sur titres. Cette séparation entre banque commerciale et banque d'investissement le privait de débouchés importants. Les banques américaines se trouvaient confinées au crédit sans pouvoir financer leurs clients par les obligations.

La loi Gramm-Leach-Bliley, également connue sous le nom de Financial Services Modernization Act de 1999, est une loi américaine qui a abrogé les dispositions du Glass-Steagall Act. La loi a été proposée au Sénat par Phil Gramm et à la Chambre par Jim Leach et Thomas J. Bliley Jr. Elle a été signée par le président Bill Clinton le 12 novembre 1999.

Huit ans plus tard, la faillite de Lehman Brothers démontrait que cette abrogation n'empêchait pas les banques d'affaires d'aller au désastre. Bear Stearns fut racheté par JP Morgan et Merrill Lynch par Bank of America. La boucle était bouclée : même Morgan Stanley et Goldman Sachs ont dû se transformer en banques pour se sauver.

LA DOMINATION DU MARCHÉ OBLIGATAIRE PAR LES BANQUES

Bénéficiaires du privilège exclusif de la récolte des dépôts des particuliers, les banques, dès l'abrogation du Glass-Steagall Act, se sont naturellement transformées en institutions actives tant sur le marché obligataire que sur le marché du crédit. Elles y sont poussées par les ratios de Bâle III qui leur imposent une partie importante de leur bilan sous forme d'actifs liquides : les banques de l'Eurozone détiennent une partie significative de leur bilan en obligations[11]. L'importance de cet investissement en obligations explique qu'elles dominent également le trading d'obligations souveraines ou privées.

Cela reste la grande différence entre le modèle américain et les autres. Là où les banques américaines sont en concurrence directe avec le marché obligataire pour le financement des entreprises, en Europe, celui-ci est dominé par les obligations souveraines et bancaires. Seules les grandes entreprises non bancaires et financières européennes ont accès au marché obligataire européen. Ce manque de désintermédiation explique notamment la taille des banques européennes et japonaises par rapport au PIB. Elles constituent aussi un pouvoir qui crée une alliance objective entre le secteur bancaire et les émetteurs publics.

La Commission européenne a initié une réforme connue sous le terme d'Union des marchés de capitaux pour doter l'Union européenne d'un cadre réglementaire paneuropéen qui se heurte à des défis considérables.

LES BANQUIERS DES FONDS SPÉCULATIFS

Comme nous l'avons vu précédemment, plusieurs crises ont mis à rude épreuve l'activité de *prime brokerage* des grandes banques. Ces dernières financent les fonds spéculatifs qui empruntent un pourcentage important de leurs capitaux auprès des banques. Cet effet de levier leur assure un *return* supérieur, mais leur structure financière ne leur permet pas d'être financés sur leurs propres moyens. Ils doivent mettre en gage auprès de leurs *prime brokers* les actions ou les obligations qu'ils détiennent, permettant à la banque de vendre ces actifs lorsque le fonds leur fait défaut.

Si elles font bien leur métier, elles surveillent en permanence le portefeuille des fonds spéculatifs pour s'assurer que ceux-ci aient une diversité suffisante pour éviter qu'un actif puisse, à lui seul, mettre en péril le fonds lui-même. C'est ce qui explique les pertes importantes subies par les banques dans des situations comme GameStop, Archegos or Greensill.

La concurrence féroce que se font ces *prime brokers* explique qu'il leur arrive d'aller au-delà des limites du raisonnable. Les scandales récents vont certainement amener une plus grande discipline et un peu de sobriété à ces activités, qu'il faudra encadrer de fonds propres appropriés pour éviter une bulle spéculative.

Les pouvoirs publics sont-ils complices ?

L'année 2020 a mis en évidence l'importance croissante du secteur public dans les marchés des capitaux. Ce sont les gouvernements et les agences gouvernementales qui sont intervenus massivement et rapidement pour empêcher un effondrement du système. Leurs interventions ont atteint 16 billions de dollars au cours des derniers douze mois, selon les statistiques du FMI[12].

Le principal souscripteur de la dette créée par ces interventions a été les banques centrales qui sont à la manœuvre depuis le développement du *quantitative easing* parfois connu sous le terme de « planche à billets ».

Comment peut-on espérer que la combinaison de l'endettement des États, du financement de ces derniers à taux bradés par les banques centrales, ne fait pas des pouvoirs publics le complice des forces de marché, que ce soit les banques qu'ils contrôlent, les grands investisseurs nationaux et étrangers ou les teneurs de marché qui maintiennent une liquidité explosive ?

Il n'y a pas de place ici pour la démocratie, et moins encore pour ceux d'entre nous dont la situation ne permet pas l'accès à la manne céleste des marchés financiers.

Les gouvernements ou l'explosion de l'endettement souverain

La masse imposante de 65 billions de dollars de dette souveraine ne se finance pas de manière naturelle et implique le concours des banques centrales. De tous temps, les gouvernants ont fait appel à des prêteurs, soit en direct, soit à travers l'émission de titres de créances ou d'obligations. Au fur et à mesure que les besoins se sont accrus, ces obligations ont fait l'objet d'un marché où les investisseurs friands de ces actifs ont trouvé une possibilité de les vendre ou de les acheter.

La dette publique est devenue l'élément le plus déséquilibrant de la stabilité financière parce qu'elle est devenue non remboursable. Les risques qui y sont associés ne font pas l'objet de restrictions par les régulateurs malgré les risques systémiques qu'ils contiennent. Les banques et les banques centrales sont encouragées à y souscrire et à les détenir jusqu'à leur échéance. Cette décision était parfaitement consciente et favorisait des taux proches de zéro pour les États les plus solides.

Y A-T-IL UNE LIMITE À L'ENDETTEMENT DES ÉTATS-UNIS ?

Graphique 1. La dette publique américaine entre 2008 et 2020[13]

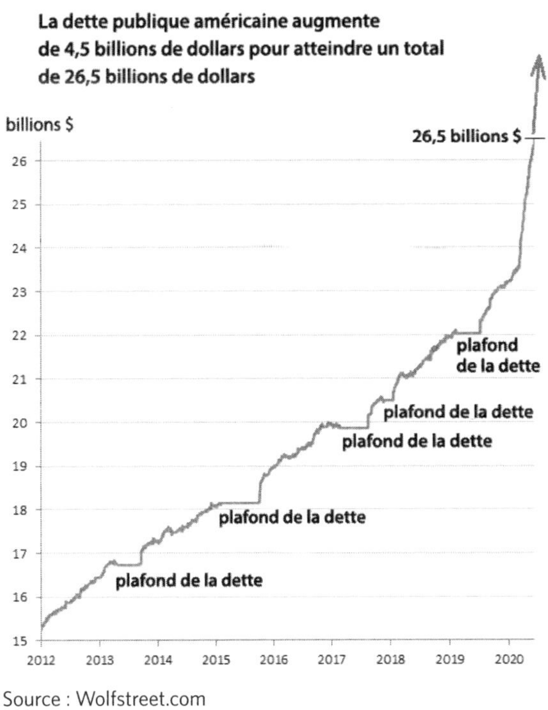

Source : Wolfstreet.com

Émetteur de la devise de réserve mondiale, le Trésor des États-Unis a toujours considéré qu'il pouvait faire marcher la planche à billets sans limites.

Pour stimuler l'économie pendant l'année 2020, les États-Unis ont injecté plus de 4 billions de dollars sous forme de prêts ou de contributions en capital, qui ont évité la faillite aux petites et moyennes entreprises tout en tentant de sauver des grandes entreprises surendettées.

Les États-Unis sont-ils au bout de leurs moyens financiers de domination du monde ? L'administration Biden, entourée de défenseurs de la théorie monétaire qui nient les risques de l'endettement public, n'a pas l'air de s'en soucier. Elle prévoit des déficits de 6 billions de dollars dans les prochaines années.

Les bons du Trésor sont détenus par les banques centrales étrangères qui commencent à se méfier de cet emprunteur imprévisible et n'ont pas augmenté leur investissement alors que l'endettement augmentait. La part des investisseurs étrangers dans la détention de bons du Trésor des États-Unis a baissé de 35 à 25 %. La confiance dans le dollar et sa suprématie est remise en cause en raison de la guerre des tarifs lancée par la Maison Blanche mais aussi par le recours accéléré à l'emprunt.

Face à cette gabegie, le contribuable américain portera bientôt 30 billions de dollars de dette. Le pays le plus riche et le plus puissant du monde vit aux dépens de toute la planète disposée à lui prêter ces capitaux. Son déficit budgétaire en 2020 a atteint 3 100 milliards contre 980 milliards l'année précédente. 2021 ne devrait pas être plus favorable. Les États-Unis pourront-ils jouer éternellement à l'apprenti sorcier ? Cyniques, les dirigeants politiques et financiers prétendent que le reste du monde n'a d'autre choix que de financer ce pays que l'on appelle allégoriquement l'Oncle Sam.

L'EUROPE MAÎTRISE-T-ELLE SON ENDETTEMENT ?

Graphique 2. La dette publique européenne entre 2010 et 2020[14]

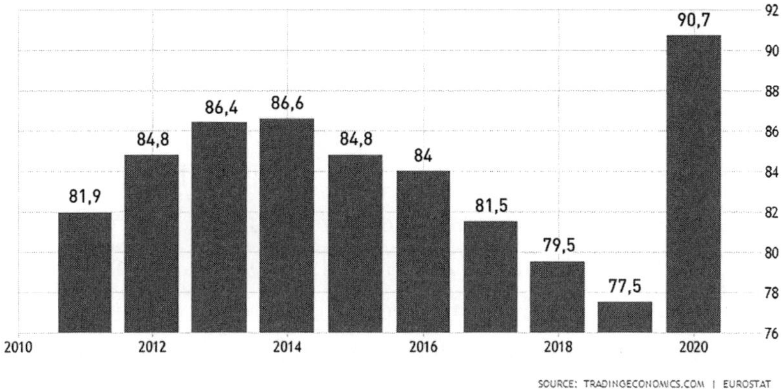

L'Europe n'a pas suivi la politique de surendettement des États-Unis, même si la Banque centrale européenne a fait du *quantitative easing* à la suite de la Federal Reserve. Elle avait été confrontée à une crise souveraine de plusieurs États membres en son sein, ce qui a amené la Commission européenne et le Conseil européen à prendre des mesures radicales de contrôle des déficits publics et d'approbation annuelle des budgets. Ce processus a été suspendu pour 2020.

Lors du Conseil européen de mars 2005, les chefs d'État et de gouvernement de l'UE ont décidé de réviser la réforme du pacte de stabilité et de croissance. Selon la nouvelle mouture du pacte, les États membres doivent toujours maintenir leur déficit et leur dette publique en dessous des seuils fixés respectivement à 3 % et à 60 % de leur PIB. Cependant, les règles du pacte ont été « assouplies » sur plusieurs points : les États membres pourront ainsi échapper à une procédure de déficit excessif dès lors qu'ils se trouvent en situation de récession alors que cette exemption n'était jusqu'alors accordée qu'aux États frappés par une crise de croissance sévère (entraînant une perte supérieure ou égale à 2 points de PIB)[15].

L'endettement souverain n'est pas européen mais national. C'est ici que se retrouve le risque de défaut d'un des pays de l'Union européenne. La France et l'Italie ont un endettement souverain de plus de 1 300 milliards d'euros chacun[16]. Le plan de relance européen de 750 milliards d'euros est une tentative d'utiliser la capacité d'emprunt de l'Union européenne pour redistribuer des ressources aux États membres les plus défavorisés par la pandémie. Ce n'est donc pas un emprunt communautaire qui finance des projets communautaires.

LE MIRAGE JAPONAIS

Il est difficile d'imaginer comment le Japon va parvenir à se sortir du piège de l'endettement qui représente 236 % du PIB et dont la moitié est détenue par la Banque du Japon, avec des obligations souveraines japonaises qui représentent 80 % de son bilan. Tout cela à des taux d'intérêt négatifs ou nuls.

C'est depuis la mise en place de ce qui a été appelé les Abenomics, du nom du Premier ministre Shinzo Abe, que l'explosion de la dette publique a atteint des niveaux stratosphériques. Face à une ruée sur le yen provoquée par la crise souveraine de 2008, le Japon a accru son endettement et diminué ses taux d'intérêt pour relancer l'économie nippone.

Graphique 3. La dette publique du Japon[17]

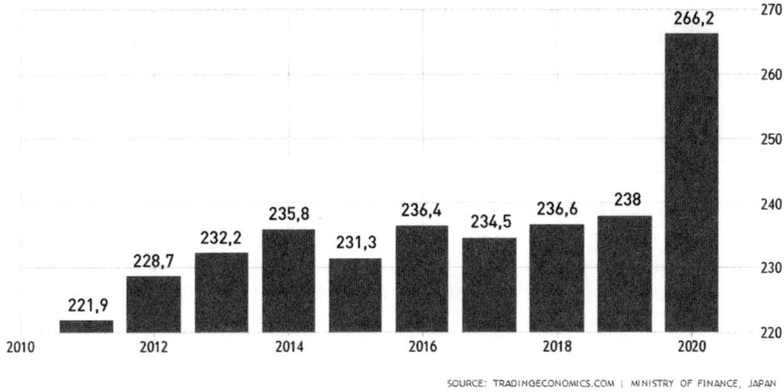

L'expression Abenomics désigne la combinaison de trois « flèches » censée remettre la troisième économie mondiale sur la voie d'une croissance solide :

- *Budgétaire : il s'agit d'encourager l'activité par de massifs plans de soutien à l'économie.*
- *Monétaire : la Banque du Japon (BoJ) a réformé en avril 2013 sa politique monétaire pour atteindre un objectif défini d'inflation à 2 % en deux ans environ,* via *une technique dite d'« assouplissement qualitatif et quantitatif ».*
- *Réformatrice : plusieurs chantiers structurels ont été ouverts pour transformer le système en profondeur et accroître le « potentiel de croissance » du Japon*[18].

LA NÉGATION DU RISQUE SOUVERAIN
PAR LES AUTORITÉS DE RÉGULATION

Cette explosion de la dette publique se heurte cependant à un risque : celui de la possibilité de défaut d'un État. Il ne s'agit pas de la faillite (qui est un concept commercial) mais d'une impossibilité de payer les intérêts et le capital de ces emprunts. L'absence de faillite n'empêche cependant pas une crise de la dette publique.

On serait en droit de considérer que ces explosions de dettes publiques représentent un risque puisqu'elles dépassent largement la croissance de l'économie. Pour inciter les banques à souscrire aux emprunts souverains, il fallait trouver une solution : nier le risque souverain en ne le pondérant pas dans les bilans des banques.

La détention d'actifs et les crédits sont pondérés dans le cadre d'accords internationaux dont la dernière mouture est connue sous le nom de Bâle III. Il s'agit de s'assurer que le risque des actifs et des passifs des banques soit couvert par un niveau de capitaux propres adéquat. En décembre 2017, les grands argentiers et les banques centrales ont failli à leur mission de stabilité financière en laissant les États décider s'il y avait lieu d'effectuer une telle pondération. Bref, comme le disent les Américains, on ne demande pas aux dindes de voter pour Thanksgiving.

Avec plus de 30 billions de dollars à travers le monde, le marché des obligations souveraines est une composante importante des marchés financiers, non seulement en raison de sa taille, mais également en raison de son influence sur les paramètres de financement des entreprises et la rémunération des investisseurs.

Après la crise, le Comité de Bâle a engagé des réformes d'une vaste portée visant à combler certaines des grandes lacunes du dispositif réglementaire d'avant-crise. Ces réformes n'ont cependant guère modifié le traitement réglementaire des expositions au risque souverain. Les épisodes de difficultés qu'ont connus depuis la crise financière les emprunteurs souverains dans différentes régions et juridictions sont venus rappeler que les expositions souveraines présentaient des risques. Le Comité admet que ces expositions, qui jouent un grand rôle dans le système bancaire, sur les marchés financiers et au sein de l'économie en général, présentent des risques à de multiples niveaux. À ce stade, le Comité n'est pas parvenu à un consensus pour apporter des modifications au traitement réglementaire des expositions au risque souverain, et a donc décidé de ne pas lancer de consultation sur les idées avancées[19].

Cette négation du risque souverain incite les banques à accumuler des emprunts d'État ou du secteur public sans avoir à prendre en compte le risque de ces actifs. C'est ainsi que les banques italiennes détiennent plus de 150 % de leurs fonds propres en bons du Tesoro italien dont la notation est à un cheveu de perdre son statut d'*investment grade* et risque incessamment de se retrouver dans la catégorie *junk*.

Mais la réglementation Bâle III est allée plus loin : imposant des ratios de liquidité, elle a forcé les banques et les compagnies d'assurances à détenir une partie importante de leurs bilans en obligations souveraines, la boucle est bouclée.

Cette bombe à retardement ne manquera pas de se rappeler à notre bon souvenir lorsque ce risque, accru par les programmes de stimulus économique, explosera dans les pays les plus faibles. Tout défaut d'un grand pays créera une crise systémique dont les proportions seront gigantesques.

Les banques centrales au secours des marchés financiers et des emprunteurs

LES BANQUES CENTRALES RACHÈTENT LES OBLIGATIONS D'ÉTAT : UN AUTOFINANCEMENT À HAUT RISQUE

Sans aucun espoir de pouvoir céder les obligations émises par leurs États, les banques centrales se sont lancées dans des programmes de *quantitative easing* qui ont fait exploser leurs bilans. Ce faisant, elles sont devenues un allié objectif du surendettement des États.

Gardiennes de la politique monétaire, les banques centrales se sont retrouvées dans la position de premier détenteur de la dette publique. Cette politique monétaire « alternative » cache mal une tendance qui va peser lourdement sur les marchés financiers.

Les États continuent à se surendetter : ils essaient d'éviter de payer le prix du risque qu'ils représentent et vont conduire les taux d'intérêt à la baisse en vendant une partie croissante de cette dette dans le bilan des banques centrales. Le record du monde est détenu par la Banque du Japon qui possède la moitié de la dette publique nippone.

Le tableau ci-dessous démontre l'ampleur du gonflement des bilans des banques centrales. Alors que certains ne se préoccupent pas de ce sujet, je reconnais, pour ma part, ne pas comprendre que l'on puisse laisser exploser un bilan dans de telles proportions. Comme l'or et les billets en circulation ne sont pas extensibles, la dépendance des banques centrales est mutuelle et financée par les banques. Ce ne seront pas les « monnaies digitales des banques centrales » qui viendront à leur secours.

Graphique 4. Bilan des banques centrales entre 2008 et 2020 (Réserve fédérale, BCE)[20]

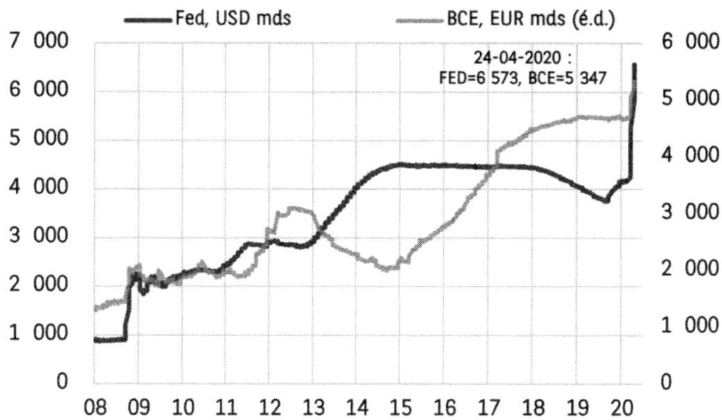

SOURCES : RÉSERVE FÉDÉRALE, BCE, BNP PARIBAS

Pour éviter le pire, les banques centrales se sont muées en prêteurs à long terme en achetant collectivement 8 billions de dollars de capitaux au cours du premier semestre de 2020, soit la moitié des mesures de sauvetage de la crise du coronavirus. La Réserve fédérale des États-Unis a accru son bilan de 4 à 8 billions de dollars en quelques semaines, soit un doublement correspondant aux trois opérations de *quantitative easing* des dix années subséquentes à la crise financière de 2008.

Néanmoins, elles ont aussi franchi une limite qui menace leur crédibilité. Au lieu de fournir des liquidités aux institutions financières pour leur permettre d'assurer la continuité du crédit, elles sont intervenues directement en prenant des risques de crédit, et dans certains cas, celui des crédits les plus risqués : les *junk bonds*.

Si le président de la Federal Reserve Jérôme Powell est un homme mesuré et courageux, face à la Covid-19, la Fed n'a pas pu éviter d'utiliser de manière record la planche à billets. L'ampleur et la rapidité de l'intervention donnent l'impression que la Fed a cru qu'il s'agissait d'une crise de court terme qu'il fallait étouffer dans l'œuf. Si l'objectif était d'éviter un effondrement de l'économie, ces capitaux se sont immédiatement engouffrés… à Wall Street créant une bulle qui rendra l'inévitable correction prochaine encore plus dramatique.

La Banque centrale européenne, sous Christine Lagarde, a poursuivi la politique de son prédécesseur, Mario Draghi, maintenant Premier ministre d'Italie. Christine Lagarde et son équipe continuent de croire que ces achats n'ont pas de limites. « La BCE a-t-elle perdu ses munitions ? Non, absolument pas », a-t-elle déclaré en septembre 2020[21]. Face à la crise économique entraînée par la pandémie de Covid-19, la Banque centrale européenne dispose-t-elle encore de munitions ? Alors que la Fed s'oriente vers une réduction des rachats de bons du Trésor, la BCE reste sourde aux appels dans ce sens et a confirmé son programme d'achat d'obligations.

Une école de pensée, la théorie monétaire moderne, a même voulu nous faire croire que l'on pouvait effacer la dette publique détenue par les banques centrales. « Ce serait une violation du traité européen qui interdit strictement le financement monétaire des États. Cette règle constitue l'un des piliers fondamentaux de l'euro », a déclaré la présidente de la BCE[22].

Ces utopistes oublient que les banques centrales ont un bilan. Annuler la dette publique les mettrait dans l'impossibilité de faire face à leurs déposants : banques centrales et institutions financières. Ce serait l'Armageddon de la finance. Si les États prétendent ne pas devoir rembourser leurs dettes, les banques centrales ne parviennent pas à sortir de ce gonflement de leurs actifs. Elles continueront donc à souscrire aux nouvelles émissions souveraines.

Il est peut-être utile de rappeler que le financement des bilans des banques centrales se fait essentiellement à travers des dépôts à court terme des banques.

LES BANQUES CENTRALES SOUTIENNENT LES MARCHÉS FINANCIERS

Pour qui les banques centrales roulent-elles ?

Cette question cent fois évitée doit être posée clairement si nous voulons que le contrôle démocratique s'exerce sur ces institutions devenues pléthoriques. Qui sont les principaux bénéficiaires de cette politique ?

Ce sont d'abord et avant tout les gouvernements qui empruntent à des conditions qui ignorent les risques que cet endettement leur fait courir.

Dernièrement, une mutation essentielle a vu le jour, et a connu sa consécration en 2020. Les banques centrales sont intervenues en dehors des limites traditionnelles de la politique monétaire et ont mis en place un système qui les rend dépendantes des banques.

Invité par Columbia University, le vice-chairman de la Federal Reserve, Stanley Fischer, ancien gouverneur de la Banque d'Israël, présente la manière dont la Federal Reserve gère sa communication.

Il existe des limites très réelles à ce que même la stratégie de communication la plus prudente et la plus délibérée peut faire pour atténuer la volatilité des marchés. C'est juste la nature de la bête lorsqu'il s'agit de marchés spéculatifs, et suggérer le contraire – suggérer que, disons, une « bonne communication » seule peut créer une sortie tout à fait douce d'une période d'accommodement politique extraordinaire –, c'est créer une attente irréaliste[23].

Lors du débat qui suivit son intervention, il est apparu que la politique de taux d'intérêt de la Federal Reserve était dictée par les « attentes des marchés ». On ne s'étonnera pas de trouver une quasi-corrélation entre les indices boursiers des plus grandes banques centrales avec l'indice des marchés boursiers.

LES BANQUES CENTRALES AU SERVICE DES BOURSES ?

Ce sont les injections de liquidités massives des banques centrales sous forme de *quantitative easing* qui ont fait exploser les cours de Bourse et ce depuis une dizaine d'années. Mais la pandémie a démontré que, même en période de récession et de chômage, les banques centrales injectaient des liquidités qui allaient enrichir les actionnaires. Le marché boursier devrait être totalement hors limite. Depuis 2012, le fameux « rallye » de Wall Street est bâti sur du sable. À partir de mars 2020, les gouvernements ont pris des mesures d'une ampleur inouïe pour tenter d'infléchir les conséquences du virus. Ils ont arrêté l'économie, purement et simplement, et tenté de la sauver à coups de stimulus financier de 16 billions de dollars en trois mois, augmentant leur endettement de manière pharaonique. Les dettes des programmes de stimulation de l'économie se sont retrouvées dans le bilan des banques centrales. La corrélation semble de plus en plus évidente.

Pour ce faire, elles ont favorisé l'endettement et abaissé artificiellement les taux d'intérêt. Cette expropriation des investisseurs, fonds de pension, retraités et compagnies d'assurances reste la manière la plus évidente dont le secteur public s'est servi sur l'épargne qu'il a privée de la rémunération du risque que les emprunts représentent.

Graphique 5. L'indice S&P 500 et les actifs des principales banques centrales entre 2008 et 2020 [24]

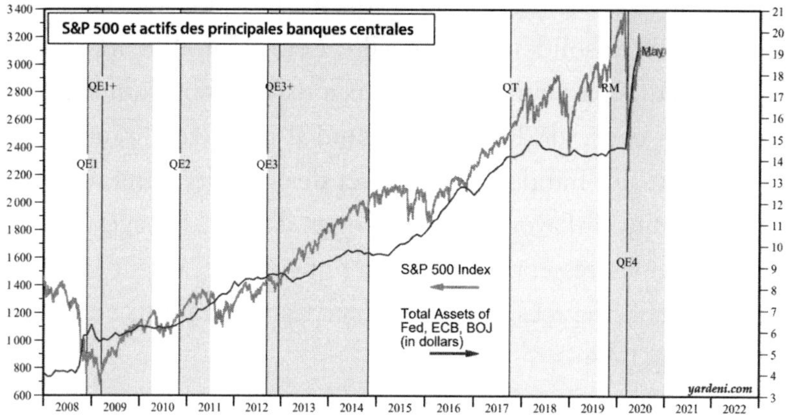

Augmentant encore ce risque, les banques centrales n'avaient pas conçu leurs opérations de *quantitative easing* en prévoyant une porte de sortie après la crise. Elles sont donc dans l'incapacité de se débarrasser de ce boulet de 15 billions de dollars accumulés depuis 2008. Elles sont de ce fait dépendantes des dépenses des gouvernements qui empruntent apparemment sans limites. En mars 2020, elles en ont remis plusieurs couches pour tenter désespérément de limiter les dégâts du coronavirus (sur lequel elles n'ont aucune emprise), de la baisse des prix du pétrole (qui ne les concerne pas), mais surtout face à la perspective d'une grave récession économique.

Un écosystème au service des entreprises

C'est tout un écosystème, complexe et peu transparent, où les rapports de force n'ont pas grand-chose à voir avec la démocratie qui est en cause. La combinaison d'intérêts qui se rencontrent dans l'antre des marchés cherche à favoriser les entreprises, leurs dirigeants et leurs actionnaires.

À la marge du système se trouvent une série de « facilitateurs » qui consolident le dispositif. Leur neutralité apparente est contredite par leurs actions. Eux aussi sont confrontés à une remise en cause de leur rôle, quand il n'est pas directement bafoué par des fraudes, des abus et des conflits d'intérêts.

Les cabinets d'avocats, les cabinets d'audit, les agences de notation et la presse, pour n'en citer que quatre, vivent en étant directement financés par les entreprises. Peuvent-ils vraiment être indépendants ?

Les cabinets d'avocats ou la privatisation du droit financier

L'évolution de la profession des avocats les a amenés à se saisir de responsabilités qui ne leur reviennent pas. Leur pouvoir sur les conseils d'administration et les dirigeants des entreprises ont transformé leur fonction de « dire le droit » vers « faire le droit ». Appuyés sur les structures de conformité des entreprises, ils apparaissent souvent comme « faiseurs de rois ». Cela leur a permis une hausse éhontée de leurs rémunérations qui, dans les meilleurs cabinets, dépassent 1 000 euros… de l'heure.

Pour des raisons parfaitement objectives, la financiarisation du monde repose sur des lois et des réglementations. Dans un ouvrage récent publié par ma collègue Katharina Pistor, de Columbia Law School, démonstration a été faite de la manière dont les grands cabinets d'avocats sont en mesure d'influencer la loi, et si elle ne plaît pas à leurs clients, de la détourner au point de la « privatiser » pour le bénéfice des riches et des entreprises : « Le capital est créé à huis clos dans les cabinets d'avocats privés, et ce fait méconnu est l'une des principales raisons de l'élargissement de l'écart de richesse entre les détenteurs du capital et les autres[25]. »

Le mécanisme opère à trois niveaux :

• Le lobbying des gouvernements : les cabinets d'avocats jouent un rôle essentiel dans la préparation des lois et réglementations. Il leur arrive même d'approcher des parlementaires ou des ministres en leur proposant un texte de loi qu'ils ont rédigé et qui va dans le sens des intérêts de leurs clients. S'il est un domaine où la démocratie peut être influencée, voire achetée, c'est celui de l'élaboration des lois et des réglementations. À la base de cette influence se trouve la différence de compétence entre les cabinets d'avocats et les parlementaires ou les gouvernements.

• Une fois la loi votée, une deuxième phase s'ouvre : celle qui consiste à influencer les régulateurs dans la mise en place des règles et dans le traitement des cas concernés par cette réglementation. La rédaction des règles d'application d'une législation importante est un travail d'une grande technicité : il ne suffit pas de mettre en musique une loi-cadre, encore faut-il tenir compte de l'ensemble des réglementations relatives à cette activité pour éviter des conflits de droit.

• L'influence des grands cabinets d'avocats sur les cours et tribunaux permet dans de nombreux cas d'établir une jurisprudence qui peut aller à l'encontre de la règle de droit et la remplacer par une version privée de celle-ci. Ici aussi, le décalage de compétence se fait sentir. Un juge doit être capable de prendre des décisions dans un grand nombre de domaines. Face à un avocat qui s'est spécialisé, par exemple, dans le droit financier, s'établit un déséquilibre de compétences.

Les grandes entreprises et les riches ont les moyens d'engager des cabinets dont les ressources en hommes et en connaissances dépassent de loin celles du pouvoir exécutif, du pouvoir législatif et du pouvoir judiciaire.

En matière financière, le pot de terre contre le pot de fer est particulièrement visible. La seule manière dont un particulier peut espérer se voir indemniser pour des fraudes ou manipulations est de constituer un groupe de victimes : ce sont les *class actions*. On ne sera pas surpris que les entreprises européennes s'opposent à ce système qui fait peser sur elles une contrainte de responsabilité.

Cela ne veut pas dire que tout espoir est perdu. La justice néerlandaise a obligé le groupe Shell à diminuer ses émissions de CO_2[26]. D'autres multinationales du secteur des hydrocarbures amorcent leur transition vers les énergies renouvelables. Des alternatives apparaissent au rôle de ces cabinets, mais ils sont inévitables dès qu'une affaire est susceptible d'être plaidée devant les cours et tribunaux.

Les cabinets d'audit et la tentation de la complaisance

Le métier d'audit a connu une évolution chaotique suite, notamment, à des fraudes ou inexactitudes. Souvent pris en étau entre leur intégrité professionnelle et leur dépendance des commissions payées par les entreprises, ils naviguent dans des eaux tumultueuses. Une fois de plus, il ne s'agit pas de condamner une profession dont l'utilité est incontestable et l'intégrité est reconnue dans la plupart des cas.

Face à de très gros clients, la plupart des cabinets d'audit remplissent un rôle essentiel et remarquable. Récemment cependant, l'attention a été dirigée vers des situations aussi exceptionnelles que problématiques tant la certification des comptes financiers est un élément essentiel de la confiance des investisseurs.

Les principaux scandales boursiers ont fait apparaître des failles dans le fonctionnement des cabinets d'audit externes. C'est que la certification des comptes est le socle même de la crédibilité d'une entreprise. Ce métier, trop souvent considéré comme auxiliaire, joue un rôle comparable à la notation des obligations.

C'est l'entreprise auditée ou notée qui rémunère l'auditeur externe. Elle a donc la haute main sur l'ampleur des vérifications. Deux cas historiques ont mis en évidence cette importance *a contrario*.

ENRON EN COLLUSION AVEC ARTHUR ANDERSEN

La scène a quelque chose d'irréel : le 20 mars 2002, près de 500 comptables d'Arthur Andersen, troquant leur sempiternelle chemise-cravate pour des tee-shirts noirs frappés d'un « I am Arthur Andersen » en lettres orange, défilaient devant la cour fédérale de Houston. Ils demandaient l'abandon des poursuites contre leur entreprise, inculpée le 14 mars de manière spectaculaire d'entrave à la justice pour avoir détruit des « tonnes de documents » se rapportant à leur client Enron. La SEC se serait contentée d'une amende record, le département de la Justice a tranché par une inculpation fatale. Que reproche-t-on à la firme la plus prestigieuse parmi les firmes comptables, toutes américaines, qui dominent l'audit des entreprises cotées en Bourse ? Trop proches de leur client Enron, les auditeurs, dont un partenaire présent au conseil d'Enron, Arthur Andersen, envoient à une employée de leur cabinet 26 caisses de 60 kg et 24 boîtes de 25 kg pleines de documents. Les consignes des auditeurs sont claires : tout détruire. Au même moment, les auditeurs chargés du dossier Enron effacent leurs courriels[27].

EY (ERNST & YOUNG) NE VÉRIFIE PAS LES ÉTATS BANCAIRES DE WIRECARD

Dans cette affaire surgit une autre, qui évoque plus des pratiques de barbouzes que le comportement décent d'une entreprise. Dès 2014, des doutes apparaissent. Lorsque le *Financial Times* s'en fait l'écho, documents à l'appui, le régulateur des marchés allemand, la BaFin… entame des poursuites contre le *Financial Times* pour manipulation des cours de Bourse.

En 2020, l'entreprise Wirecard tente désespérément de résister à la suspicion dont sont entourés ses comptes. Cette entreprise phare est la fierté de toute l'Allemagne : un leader mondial dans les méthodes de paiement internationales. Elle fait appel à KPMG pour auditer ses comptes vu la suspicion qui entoure Ernst & Young, son auditeur attitré. La bombe éclate le 22 juin : l'entreprise allemande Wirecard a admis qu'une somme de 1,9 milliard d'euros, bien qu'inscrite à son bilan, n'existait « très probablement » pas. C'est KPMG qui avait fait état de ce « trou ». Le géant mondial de l'audit Ernst & Young est désormais au cœur de l'affaire Wirecard. EY était chargé de vérifier et de valider les comptes de la société allemande désormais en faillite. EY est désormais au cœur de l'affaire Wirecard. Et voici que l'association d'actionnaires allemands SdK vient de déposer une plainte au tribunal pénal contre deux auditeurs actuels et un ancien auditeur d'EY en Allemagne. Selon le Financial Times, *EY a omis de demander des informations bancaires à une banque où Wirecard affirmait détenir jusqu'à 1 milliard d'euros en espèces*[28].

La collusion à l'intérieur de Deutschland GmbH a éclaté au grand jour. Toute l'Allemagne était derrière son enfant chéri et les enquêtes ont toutes avorté jusqu'à ce que le pot aux roses soit découvert. Les enquêtes en cours révèlent une collusion entre la direction de l'entreprise et son cabinet d'audit, Ernst & Young, qui a fait preuve de négligence grave dans la vérification des comptes de Wirecard. Si le CEO (*Chief Executive Officer*) est en prison, le vrai coupable et ses acolytes ont fui sous des cieux plus cléments.

Plus récemment, Ernst & Young refusera de valider les comptes d'une entreprise française, Solutions 30, et la direction annonce qu'il lui faudra plusieurs mois pour obtenir une certification, faisant perdre 70 % de sa valeur boursière en un jour de mai 2021[29]. Dans les deux cas, le pot aux roses a été découvert par un *hedge fund* activiste.

Les médias au service des marchés financiers

L'influence des médias dans la diffusion d'informations de nature à influencer les marchés financiers est devenue, avec la visibilité croissante de la finance, déterminante. Longtemps confinée à des gazettes spécialisées pour rentiers, la finance s'est invitée, lors de la crise de 2008, au niveau des sujets essentiels.

J'ai toujours, lors de mes contacts avec la presse, reconnu la préparation des journalistes sur un terrain qui leur était peu familier. Mais ils sont souvent contraints d'écouter les voix les plus puissantes.

Cette évolution a « popularisé » l'information financière, souvent rabaissée au niveau de faits divers sans une réflexion sur les tenants et aboutissants de ces évolutions. Les journalistes se sont souvent contentés de relayer l'information que les financiers et les entreprises, mais aussi les responsables politiques, ont voulu faire publier.

Comment parviendra-t-on à empêcher des campagnes de désinformation financière sur les médias sociaux ?

COMMENT LE CONTRÔLE DE L'INFORMATION AFFECTE-T-IL LE BON FONCTIONNEMENT DES MARCHÉS ?

Les marchés financiers fluctuent en fonction de l'information, qu'elle soit politique, sociale, financière ou même internationale.

Nous sommes dans un cercle vicieux : lorsqu'une nouvelle économique se fait jour, les commentateurs boursiers vont s'adresser aux traders dont la voix reflète la réaction à court terme des marchés. Ce qui ne devrait être qu'une opinion anecdotique devient « l'opinion des marches », érigée à l'état de Pythie. Ce court-circuit influence l'opinion publique et les dirigeants qui se croient obligés de commenter ce qui n'est que le petit bout de la lorgnette. Qui plus est, derrière les oracles du marché se cachent des intérêts considérables qui cherchent à influencer le débat.

Aujourd'hui, le rôle de l'information est incroyablement important dans les mécanismes de prise de décisions des investisseurs et des acteurs de marché. Il est donc nécessaire d'étudier l'impact des médias sur les marchés. L'influence des médias sur les événements qui agitent les marchés financiers est comme la langue d'Ésope : elle influe pour le pire comme le meilleur.

Mais les médias continuent eux-mêmes à être asservis aux pouvoirs de l'argent et au monde politique. Peu d'entre eux ont les moyens de leur indépendance : la propriété des médias est devenue, elle aussi, une affaire d'argent qui donne à la finance un contrôle de l'information. La France a vu l'essentiel de sa presse tomber sous la domination de groupes financiers.

À la communication se substitue la manipulation de l'information. Ce n'est pas toujours le cas, et les journalistes sont férus de leur indépendance. Ils se sont battus parfois courageusement pour défendre la vérité des faits. Mais en face d'eux, les nécessités financières ont parfois le dessus. On peut relier ceci à l'asymétrie d'information. Si la version officielle est suspecte de subjectivité, l'information contraire n'est pas absente d'intérêts divers.

PRIS AU PIÈGE DU CORONAVIRUS

La couverture de la Covid-19 aura été une démonstration par l'absurde des dangers que les médias font courir à la démocratie. L'« information » se transforme, comme dans une compétition sportive. Chaque média annonce qui un mort, qui un virologue qui va tout révolutionner, qui un vaccin tout prêt à être utilisé. S'engage alors une bataille pour savoir qui a le plus de cas, le plus de morts… Même le *New York Times*, *Le Monde* et la BBC se laissent prendre.

Cette inflation empêche de vérifier les sources et conduit à lancer sans aucune vérification des informations parfois absurdes (la télévision belge met en exergue l'amputation d'une victime du coronavirus !). À la mi-2020, le public est bombardé d'informations lénifiantes annonçant que l'économie sera rétablie rapidement alors que les risques ont augmenté au premier semestre en raison de l'arrêt de toute activité et de l'intervention massive des pouvoirs publics.

Une absence d'esprit critique et même une inflation visuelle ou verbale ont contribué à l'aggravation de la situation pandémique : les trompettes de la renommée, chères à Georges Brassens, ont semé la peur, voire la panique.

LA PENSÉE UNIQUE DES MARCHÉS FINANCIERS

À moins d'être très naïfs, les journalistes qui couvrent l'économie et la finance savent que les discours politiques ou les communications d'entreprise sont par définition subjectifs, voire manipulateurs. Leur rôle est donc de prendre ces informations avec une pincée de sel.

À aucun moment, les médias n'ont, depuis une décennie, considéré que l'accumulation de la dette menaçait la stabilité financière, que ce soit du côté des entreprises ou du côté des emprunteurs souverains. La pandémie a été un spectacle à la limite du supportable : le FMI, les banques centrales, les gouvernements et les banques se sont lancés dans une communication laudative alors que les mesures prises constituaient une menace pour l'endettement mondial.

Lorsque j'ai participé à une émission télévisée sur la dette dans « C dans l'air[30] » et « Ceci n'est pas un complot[31] », je me suis rendu compte de la violence avec laquelle la pensée unique tentait de contrer un message pourtant factuel et modéré. Comme je l'ai écrit dans *Le Monde* fin 2021, le discours sanitaire était devenu mortifère[32].

Lorsque les conséquences des mesures extrêmes prises par les pouvoirs publics apparaîtront au grand jour, pouvons-nous espérer que les médias se poseront honnêtement la question de leur part de responsabilité dans la gestion de la crise ? Ont-ils cédé au sensationnalisme ? Leur message était-il équilibré ou à sens unique ?

Cette question va bien au-delà de la pandémie et de la finance. Face à la ruée des médias sociaux et aux pertes de publicité, les médias traditionnels se sentent démunis et on les comprend. La qualité et l'équilibre de leurs analyses sont leur meilleure protection.

Ce parcours parfois ardu de l'ensemble des acteurs, qu'ils soient centraux ou périphériques, fait apparaître les marchés financiers sous un œil critique. La poursuite par chacun des participants, qu'ils soient privés ou publics, crée une omerta qui rend difficile au citoyen de mettre le doigt sur les coupables, et pour cause. Il y retrouvera une nébuleuse qui ne permet pas de crier haro sur le baudet. C'est l'ensemble du troupeau qui est en cause. S'attaquer au système lui-même est essentiel. Encore faut-il qu'un consensus puisse être bâti sur les interconnexions qui font des marchés des capitaux une toile d'araignée difficile à démanteler sans pour autant perdre ce que les marchés financiers apportent d'essentiel à nos économies.

Il faut donc comprendre non seulement les parties prenantes, mais ce qui les lie les unes aux autres et comment elles ont réussi à mettre les marchés financiers au service de leurs intérêts.

TROISIÈME PARTIE

Les marchés financiers fonctionnent dans leur propre intérêt

La finalité et la mission des marchés financiers sont de faciliter les échanges entre investisseurs et émetteurs. C'est leur raison d'être. Au fil du temps, cet objectif a été dévoyé pour faire des intérêts des acteurs des marchés financiers une nouvelle vocation.

Cette partie tente de retracer des évolutions dont on découvrira qu'ils ont progressivement tourné le dos à cette fonction primaire pour faire de la finance une fin en soi, pour le bénéfice de certains et au détriment d'autres. L'écosystème des marchés financiers a graduellement privilégié les intérêts particuliers au détriment de la fonction collective.

Comment y sont-ils arrivés ? En abandonnant toute finalité autre que la recherche de l'enrichissement pour le plus grand bien de ceux et celles qui y opèrent. Ils y sont arrivés avec une combinaison de morcellement des marchés rendant impossible leur réglementation, par des innovations dont l'objectif était d'en accroître la taille, mettant au second plan la recherche de leur utilité sociale.

Les marchés boursiers au four et au moulin

11 Wall Street est le siège du New York Stock Exchange. C'est la plus grande bourse de valeurs mobilières du monde. On y traite plus d'un milliard d'actions par jour. C'est cette position qui explique que « Wall Street » soit devenu le symbole des marchés boursiers, à savoir les marchés des actions des entreprises cotées.

Un peu d'histoire

D'UN CLUB DE PROPRIÉTAIRES DE « SIÈGES » À LA COTATION

Venise, Anvers, Lyon et Amsterdam ont été à l'origine des échanges fiduciaires sous une forme boursière. Mais c'est à Londres que la première bourse moderne s'établit : c'est la raison pour laquelle, pendant des siècles, elle s'est appelée « *the Stock Exchange* », forçant les autres Bourses à se situer par rapport à elle.

La Bourse de Paris a été créée par un arrêt du Conseil d'État du roi Louis XV, le 24 septembre 1724[1]. Quelques décennies après, le 17 mai 1792, 24 agents de change, sous un platane en face du 68 Wall Street, si l'on en croit la légende, ont signé le *Buttonwood Agreement* qui établissait le New York Stock Exchange[2].

Derrière ces échanges se trouvaient des individus et des familles fortunés : en effet, les risques étaient assumés par ces agents sur leur cassette personnelle. Les membres subséquents étaient cooptés en fonction de leur réputation et de leur richesse.

Cercle fermé et confidentiel d'agents de change disposant du privilège d'un « siège » en Bourse et de l'accès direct aux échanges boursiers, la Bourse a en vingt ans franchi deux étapes : la mise en Bourse de ses propres actions et le commerce digital. Cette évolution a récemment fait passer ces institutions d'une forme de coopérative privée à celle de sociétés par actions qui sont de plus en plus souvent cotées sur leur propre bourse.

LA TRANSFORMATION DE L'ACTIONNARIAT ET LES ACQUISITIONS

La première étape a été l'établissement d'une structure corporative de la bourse dont les actions étaient détenues par les agents de change et les teneurs de marché. Dans la plupart des cas, les Bourses étaient des sociétés sans but lucratif ou des sociétés coopératives.

Les actions des Bourses ont été souscrites par des institutions financières nationales. Au fil du temps, elles ont préféré vendre leurs participations, laissant les Bourses entre les mains d'autres actionnaires. Ce qui pourrait apparaître comme une évolution naturelle a profondément modifié la nature des bourses qui ont progressivement privilégié leur rentabilité financière et leur cours de Bourse au détriment de leur rôle économique.

S'ensuivirent des cotations des Bourses elles-mêmes. Elles ont dû créer de toutes pièces une nouvelle structure de gouvernance, une politique de dividende et poursuivre une croissance qui les a amenées à entrer dans de nouveaux domaines proches de leur activité primaire.

L'Europe a vu une vague d'acquisitions de Bourses. Ce fut le cas, en septembre 2000, de la Bourse paneuropéenne Euronext (Paris, Bruxelles et Amsterdam réunis[3]). S'est ensuivie une vague d'acquisitions de Bourses qui continue à ce jour avec l'achat de la Bourse d'Oslo par Euronext et, en 2020, la concurrence que se sont livrées Paris et Francfort pour acquérir Borsa Italiana qui a rejoint le giron d'Euronext.

Lorsqu'en 2005 Deutsche Börse a lancé une offre de rachat des actions d'Euronext, l'establishment français a crié « au loup », libérant parfois des instincts antigermaniques. Les dirigeants d'Euronext se sont réfugiés dans les bras du NYSE plutôt que d'entrer en négociation avec la Deutsche Börse, appuyés dans un grand élan de conviction européenne par l'élite française, et son gouvernement.

En tant que conseiller de la Bourse allemande, j'ai en vain tenté de convaincre le gouvernement français (Thierry Breton était ministre des Finances) et Jean-François Théodore, le patron d'Euronext, d'accepter cette fusion qui aurait créé un leader européen comparable à Londres. La France saisit la Commission européenne qui décréta que c'était une trop grande part de marché pour l'Europe. Notre visite avec Reto Francioni, le patron de Deutsche Börse, à Bruxelles auprès du commissaire Mc Creevy se heurta à une fin de non-recevoir. Cette myopie de la fonction antitrust européenne s'est révélée dommageable à la France et à l'Europe. C'est le NYSE qui racheta Euronext et le dépeça pour le rejeter.

Quelques années plus tard, en 2011, Paris et Francfort tentèrent une fusion amicale qui fut, une fois de plus, recalée par la division antitrust de la Commission européenne. Lorsque l'Intercontinental Exchange (ICE) racheta le NYSE en 2012, son objectif était clairement de mettre la main sur les activités en produits dérivés qui étaient à l'origine de leur croissance. Comme prévu, ICE devait ensuite vendre en Bourse Euronext, non sans l'avoir dépouillée de son actif le plus précieux :

les produits dérivés, fruits de la fusion des marchés français (MATIF) et anglais (LIFFE).

C'est désormais Francfort qui domine le panorama boursier de l'Union européenne depuis que le Royaume-Uni n'en est plus membre. La Deutsche Börse a réussi à rassembler sous son toit le marché au comptant, les produits dérivés, le clearing et la technologie, ce qui explique que sa valeur boursière soit de 27 milliards d'euros, contre 7 pour Euronext.

Euronext, qui combine Amsterdam, Bruxelles, Dublin, Lisbonne, Oslo et Paris, domine Francfort dans le seul marché du comptant. L'ajout de Milan a encore étoffé le marché boursier paneuropéen au comptant pour 4,3 milliards d'euros en numéraire[4]. C'est la Bourse suisse qui devait mettre la main sur la Bourse espagnole en 2020[5].

Le grand perdant aura été l'Union européenne qui, privée de la Bourse de Londres à cause du Brexit, devra se réinventer. La messe n'est cependant pas dite : la consolidation des Bourses reste active. Même en dehors de l'Union européenne, le London Stock Exchange continuera à être un concurrent redoutable avec lequel il faudra compter.

Le mieux est parfois l'ennemi du bien.

La valorisation des entreprises au cœur de la fonction des Bourses

QUELLE EST LA VALEUR D'UNE ENTREPRISE COTÉE ?

S'il existe de nombreux critères qui mériteraient notre attention, le fait est que cette valeur est généralement basée sur le cours de Bourse des actions de l'entreprise multiplié par le nombre de ses actions. C'est ce qu'on appelle la capitalisation boursière. Elle est donc le fruit des transactions et varie de minute en minute.

Pour qu'un cours puisse être établi, il faut que, pour la quantité de titres indiquée, il y ait un acheteur et un vendeur. Cela peut ressembler à une évidence, mais si vous lisez attentivement les manchettes des journaux, vous verrez que, si le marché baisse, les investisseurs se débarrassent de leurs titres et s'il monte les investisseurs achètent : pas un mot des contreparties qui, par définition, voient la situation différemment. Pour qu'un cours de Bourse soit établi, il faut un acheteur et un vendeur pour le même nombre de titres. Il en va de même à la baisse et à la hausse.

Le New York Stock Exchange a probablement le mécanisme de *price discovery* le plus impressionnant. C'est une sorte d'allées et venues d'ordres qui, ne se rencontrant pas, vont tester pour un centime de hausse ou un centime de baisse un point d'équilibre. Dans la plupart des cas, l'équilibre entre l'offre et la demande à un certain prix se trouve dès l'ouverture satisfaite.

Lorsqu'une entreprise offre une première fois ses actions en vente (*Initial Public Offering*, IPO), le mécanisme devient plus compliqué. Dans certains cas, il faudra attendre que les indications du chef de file de l'opération permettent cette péréquation. Que ce soit à la hausse ou à la baisse, il faudra attendre plusieurs heures sur le parquet de la Bourse avant que cet équilibre se trouve. La règle est une protection importante pour les investisseurs : ils doivent tous obtenir le même prix à l'achat ou à la vente de ces actions. Le rôle de la Bourse est d'assurer ce traitement équitable.

Mais une entreprise vaut plus que ses données financières et ses ratios boursiers. Si les comptes des entreprises fournissent des informations essentielles pour mesurer l'évolution de l'entreprise, celle-ci ne se limite pas à son compte de résultat et à son bilan. Elle est un acteur important de la société où elle opère. La qualité de son personnel, de ses produits, de son réseau de vente, de la puissance de sa marque, de sa structure financière et de sa gouvernance sont des facteurs essentiels à cette valeur.

Il suffit pour s'en convaincre de voir l'évolution très médiatisée de l'action Tesla qui a oscillé entre 600 et 1 000 fois ses bénéfices alors que la moyenne des entreprises automobiles se situait autour de 25.

LA FRAGMENTATION DES PRIX ET L'ABONDANCE DES PLATEFORMES

La menace qui pèse sur ce qui s'appelle aux États-Unis le *National Best Bid and Offer* (NBBO) est la fragmentation des marchés. Un affaiblissement des bourses à l'avantage des marchés électroniques a pour conséquence de réduire l'importance de ce prix qui répond à des règles de transparence et d'équité que la technologie ne fournit pas à elle seule.

Quel crédit pouvons-nous accorder aux prix des actifs financiers ? Le cours de Bourse représente souvent une minorité des transactions effectuées : la majorité se fait discrètement à l'intérieur des salles de trading des banques, d'autres émergent sur des plateformes électroniques. Il y a un risque que le NBBO ne représente plus le meilleur prix de marché et la meilleure exécution d'un ordre d'achat ou de vente de titres. Quand il y a cent prix différents du bitcoin répartis en cent plateformes de teneurs de marché, à quel saint se vouer ?

Les cours de Bourse en 2021 sont en plus largement excessifs car nourris par la surabondance de liquidités créée par les banques centrales. Alors que le cours de Bourse du S&P 500 se situe aux alentours de 45 fois les bénéfices des derniers douze mois, on se demande comment les prévisions d'une baisse à 21 fois ces bénéfices pour les prochains mois peuvent être justifiées : il faudrait que les bénéfices des entreprises doublent… en moyenne.

Le marché électronique disperse les marchés

Deux grands facteurs ont fait exploser le monde boursier :

- les produits dérivés sur lesquels nous reviendrons et dont les marchés ont une taille qui dépasse largement celle des Bourses des actions elles-mêmes ;
- l'évolution technologique qui a permis de multiplier les plateformes sur lesquelles les actifs financiers sont traités, au point d'obscurcir la transparence de la découverte du prix.

Il suffit de se rendre dans une salle de trading pour comprendre combien la multiplication des écrans rend difficile la vérification des prix. Cela vaut cependant uniquement pour les entreprises dont la capitalisation boursière excède le milliard de dollars.

MÉFIEZ-VOUS DE VOS AMIS…

Le principal concurrent des Bourses est ses propres membres. En s'appropriant le volume des transactions à leur profit, ils scient la branche sur laquelle ils sont assis : la confiance dans la représentativité des marchés financiers. Comment parviennent-ils à assurer la meilleure exécution possible dans cette jungle ?

Les Bourses ne peuvent survivre que si leurs membres décident d'effectuer leurs transactions à travers elles : cela crée une dépendance importante des Bourses face aux grands opérateurs de marché que sont les grandes banques mondiales. Au cours des dernières années, les Merrill Lynch et autres JP Morgan ont développé leur capacité à créer des *dark pools* ou à intérioriser leurs ordres. L'un d'entre eux, du nom de Turquoise, a tenté de se substituer à la Bourse de Londres, qui a fini par le racheter.

C'est toujours à travers des brokers que les ordres doivent passer pour atteindre la Bourse. Cela peut être une firme d'une seule personne ou un géant comme Merrill Lynch. Le gros des ordres est exécuté électroniquement à travers des institutions bancaires qui dominent le marché.

Il reste cependant une zone d'ombre : si les marchés électroniques sont parfois moins coûteux et plus rapides, leur transparence reste limitée. En effet, si les Bourses doivent fournir la « meilleure exécution » possible à leurs clients, ceux-ci le doivent autant à leurs investisseurs institutionnels qu'aux particuliers.

JP Morgan vient d'accepter une amende record de 960 millions de dollars pour avoir utilisé une technique connue sous le nom de *spoofing*, et ce pour des milliards de dollars[6]. Le NYSE avait pourtant proposé un système qui répondait à ce besoin ; mais les courtiers étaient ses actionnaires. Les investisseurs institutionnels ont réagi en créant leur propre « salle des marchés ». Ce faisant, même s'ils continuent à transmettre des ordres *via* les courtiers, ils gèrent professionnellement les marchés qu'ils connaissent parfaitement.

Pourquoi feraient-ils confiance à des traders qui sont leurs concurrents pour leurs ordres et qui sont en position de manipuler les cours en exploitant l'information de leurs clients ?

LES PLATEFORMES DE TRADING

La plupart des plateformes électroniques de négoce des titres sont considérées comme des brokers, pas des Bourses. Elles ont refusé de se soumettre aux exigences des régulateurs qui assurent leur indépendance. Elles ne présentent aucune certitude de meilleure exécution. Lorsque l'Union européenne, à travers la réglementation MIFID, tente d'élargir le marché au-delà du « monopole » des Bourses, elle élargit le champ des plateformes, mais ignore les risques que cette réglementation fait courir à l'intégrité du marché des actions et à la crédibilité du cours de Bourse.

Lorsqu'un ordre « délicat » ou « important » risque de faire fluctuer les cours, l'investisseur ne va pas commettre l'erreur d'exposer l'ordre dans son entièreté. Il va le diviser, ou agir à travers plusieurs brokers.

En 1999, le Nasdaq devait être sanctionné et vingt-huit de ses brokers avec lui, pour une collusion et des pratiques illégales. Le Nasdaq a indiqué qu'il menait à l'heure actuelle onze enquêtes approfondies sur des cas suspects de possibles manipulations de cours ayant été réalisées par des courtiers indépendants. Ces manipulations reposeraient sur la technique dite « des ordres fantômes », consistant, pour le négociateur, à entrer dans le système électronique de transaction de faux ordres, destinés à créer une illusion de liquidité. S'il souhaite, par exemple, acheter à un prix inférieur à celui du marché, il envoie de faux ordres de vente largement en dessous du prix de négociation actuel, obligeant les autres courtiers à s'aligner, ce qui lui permet alors d'acheter aux meilleures conditions. Immédiatement après avoir réalisé son achat, il annule ensuite son premier ordre de vente fictif. Cette technique est particulièrement efficace lorsque les écarts de la fourchette « achat-vente » des actions sont élevés[7]. Goldman Sachs et Morgan Stanley ont refusé d'utiliser cette technique.

L'électronique a été à l'origine d'une amélioration exceptionnelle de l'efficience des marchés, mais elle ne résout pas tous les problèmes. Elle a permis une exécution des ordres plus rapide et surtout un « matching » des ordres d'achat et de vente par voie électronique plutôt que par des « spécialistes » sur le parquet d'une bourse.

La confusion est devenue telle que les investisseurs qui passent un ordre ne savent pas de quelle manière il a été exécuté : la fragmentation des conduits et des plateformes crée une absence de transparence qui permet aux grandes institutions de cannibaliser les Bourses. L'obligation de fournir la « meilleure exécution » est le seul rempart. Mais la transparence n'y est pas.

LES PSEUDO-MARCHÉS FINANCIERS : LES CRYPTOBOURSES ET AUTRES PLATEFORMES

« Tout ce qui brille n'est pas or », dit le proverbe.

Il est utile de signaler ici qu'aucune des **crypto-bourses** (*crypto-exchanges*) ne présente les garanties d'une bourse des valeurs réglementée. Ce sont des teneurs de marché qui détiennent des cryptos et n'ont aucune neutralité. C'est une des nombreuses supercheries qui entourent le bitcoin et ses rejetons.

Il existe des plateformes électroniques comme **Bloomberg et Reuters** qui ont l'apparence des Bourses, mais ne sont pas soumises aux obligations de transparence et d'égalité de traitement des ordres.

En ce qui concerne les **obligations**, la situation est encore plus opaque : si les obligations internationales sont souvent cotées à la Bourse de Luxembourg, il s'agit là d'une formalité réglementaire dont la place Grand-Ducale s'est fait une spécialité, mais l'essentiel des transactions obligataires s'exécute *over the counter* ou de gré à gré, ce qui favorise une fois de plus les grands opérateurs qui ne sont soumis à aucune contrainte réglementaire.

Rares sont les informations qui permettent à un investisseur de savoir où et comment les transactions ont été exécutées. C'est un souci des autorités de contrôle qui tentent de mettre sur pied des systèmes d'audit qui assurent un respect des réglementations.

La liquidité est le nerf de la guerre mais elle n'est pas une fin en soi

Pour qu'un marché soit efficace, il faut que les acheteurs et les vendeurs puissent effectuer des transactions sans perturber la valorisation de ces actifs. Cela nécessite des opérateurs, des investisseurs et des émetteurs. La liquidité des actions d'une société dépend de sa capitalisation boursière, du volume de ses transactions et de la volatilité des marchés eux-mêmes.

Cette exigence est souvent ignorée par les promoteurs d'un marché boursier pour les petites et moyennes entreprises. Rien ne s'oppose en effet à leur mise en Bourse, mais les échanges sur un titre seront maigres et les prix aisément influençables.

• La liquidité première : les investisseurs, et singulièrement les investisseurs institutionnels, sont les principaux pourvoyeurs de liquidité. Les grands investisseurs sont plus importants que les brokers. On y retrouve les grands gestionnaires d'actifs, comme la firme BlackRock, la plus importante au monde, qui gère 8 billions de dollars d'actifs, dont une partie importante est en actions. C'est aussi une firme mondiale et elle opère à travers tous les marchés.

• La liquidité secondaire : le négoce d'actifs financiers (obligations, actions opérations de changes) se chiffre quotidiennement par billions de dollars. Chacun de ces marchés doit sa profondeur à la liquidité additionnelle fournie par les teneurs de marchés. Ce sont eux qui ajustent l'offre et la demande en injectant leurs propres ressources.

Le rôle des Bourses réglementées diminue au profit de plateformes électroniques qui ne sont pas des Bourses. En 2020, le trading devrait atteindre 150 billions de dollars, soit une fois et demie la valeur des actions qui atteint 100 billions de dollars.

Il y a assez de liquidité dans les marchés financiers pour assurer un négoce équilibré : si 150 billions de dollars changent de mains chaque année, il n'y a pas besoin ni d'intervention des banques centrales pour pomper des liquidités dans le système financier, ni d'innovations spéculatives qui vont faire exploser les volumes et rendre la gestion de la stabilité financière de plus en plus périlleuse.

LA LIQUIDITÉ EXPLOSIVE INJECTÉE PAR LES BANQUES CENTRALES

Depuis la crise financière, les banques centrales ont décuplé leurs bilans de 5 à 50 billions de dollars. 2020-2021 ont été une démonstration des méfaits d'une liquidité artificiellement injectée pour « relancer l'économie » et qui ont surtout fini en Bourse, augmenté sa liquidité et multiplié les prix, créant une inflation des actifs dont nous ne sortirons que brutalement.

La liquidité ne peut être une fin en soi : elle doit être au service d'objectifs précis. La manière dont les banques centrales ont considéré qu'elles étaient tenues d'assurer la liquidité des marchés financiers n'est rien d'autre qu'un mécanisme de hausse des cours en faveur des plus fortunés, même si leur motivation est différente.

Nous reviendrons plus en détail sur leur responsabilité : injecter des liquidités dans une politique monétaire qui défavorise les épargnants et permet une multiplication de la richesse des plus riches est une question qu'elles cherchent à éluder dans un grand discours laudatif de « sauvetage de l'économie ». Elles ont sauvé les marchés financiers avec les derniers publics.

Elles n'ont aucune place comme investisseur dans les marchés financiers.

La contribution des marchés financiers est devenue essentielle

Le schéma ci-dessous, émanant de l'OCDE, décrit les axes d'une stratégie pour la croissance des marchés financiers. Il met l'accent sur une série de propositions qui visent à améliorer la contribution de ces marchés à la croissance de l'économie et suggère d'aller au-delà de leur structure actuelle. Sans eux, les entreprises et les investisseurs seraient limités au financement bancaire et leur croissance serait confinée par les limites des bilans bancaires. L'intermédiation directe représente donc un élément fondamental de l'économie. Elle est un soutien essentiel à la démocratie si elle en respecte les principes. Elle devient graduellement plus importante que l'intermédiation bancaire et financière.

Les marchés ont leur raison d'être. Des fonctions essentielles à nos sociétés ne sont possibles que parce que les ressources financières peuvent être trouvées, acquises et vendues. Les exemples ci-dessous ne sont qu'une partie de ce rôle des marchés, mais permettront de prendre conscience de la nécessité de ces mécanismes d'échange.

Encore faut-il qu'ils acceptent qu'ils ont une responsabilité sociétale pour laquelle ils ont des comptes à rendre.

Schéma 1. Les missions des marchés de capitaux[8]

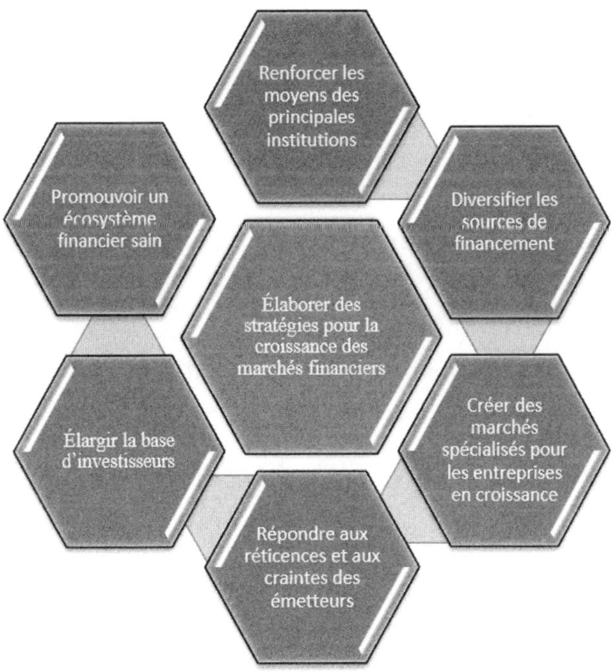

Les retraites financées par les marchés financiers

Prendre le problème des retraites par le biais des droits acquis est corporatiste, pas démocratique. La récente réforme proposée par le gouvernement français a dû recourir, après de nombreuses manifestations, au vote de confiance du Parlement qui lui a été refusé. Sa mise en application attend des arrêtés. Nous savons tous que le financement actuel des retraites ne suffit pas et qu'un gouffre attend nos enfants et petits-enfants.

Les marchés financiers fournissent un support à ce financement.

• Les marchés fournissent aux **organismes étatiques** les ressources des obligations souveraines, mais aussi des investissements productifs. La gestion de systèmes de retraite publics limite cependant le recours à des capitaux à risque. La baisse des taux d'intérêt par les banques centrales a rendu le rendement de ces actifs proches de zéro, aggravant encore le trou des systèmes de pension. Très souvent cependant, le besoin vorace de capitaux des gouvernements les amène à ne pas permettre de sortir du domaine très restreint des actifs souverains, au détriment des retraites.

• Les **fonds de pension privés** peuvent recourir à des actifs plus risqués, dont le rendement est supérieur, qu'il s'agisse d'actions ou d'obligations. Mais surtout, ils ont une propension aux investissements en actions qui leur fournit à la fois un meilleur rendement et une appréciation en capital, en bref, un *return* supérieur, mais avec des risques plus importants. Ils ont également investi dans des *hedge funds* et des fonds de *private equity*.

• Les **compagnies d'assurance vie** sont engagées à payer à leurs assurés des indemnités sur base du risque assuré grâce aux primes qu'ils ont payées et au rendement de leur portefeuille, lui aussi écorné par des niveaux de taux d'intérêt qui posent un problème structurel : faudra-t-il diminuer les engagements si les politiques monétaires continuent ? En France, la loi relative à la transparence, à la lutte contre la corruption et à la modernisation de la vie économique (Sapin II) a tenté de limiter cet impact, mais c'est la politique monétaire des banques centrales qui rend précaire le secteur des assurances vie.

La privatisation des retraites à travers des fonds de pension plutôt qu'à travers des interventions massives des États se heurte à une idéologie qui considère que seules les pensions publiques sont sûres. C'est vrai, dans la mesure où les gouvernements peuvent en assurer la charge, mais c'est une charge qui accroît les dépenses extrabudgétaires des États.

La combinaison du surendettement des États et de politiques qui réduisent artificiellement les rendements des actifs est pour les retraites une situation insupportable. Les États creusent plus encore profond le gouffre de leur déficit de pensions et les banques centrales exproprient les retraites. Quelles que soient les solutions offertes par les marchés financiers, ils se doivent de rester prudents.

C'est pour cette raison que la politique des banques centrales de baisse des taux d'intérêt constitue une forme de fragilisation des retraites. En se préoccupant de manière excessive de la liquidité des marchés, elles tournent le dos à la rémunération des instruments d'épargne et aux retraites.

S'il est un domaine où les marchés financiers font partie de la solution, c'est bien celui-ci. C'est aussi celui du déni dans toute sa splendeur. Lorsque des lycéens se sont mis en grève en 2010 contre l'allongement de l'âge de la retraite en France, ils ont manifesté contre leur propre intérêt : que restera-t-il dans les caisses de l'État et de retraite dans vingt-cinq ans et encore plus dans quarante-cinq ans quand ils arriveront à la retraite[9] ?

L'importance grandissante de la transition énergétique

La transition énergétique vers des sources moins polluantes n'est pas seulement une affaire de capitaux, mais la finance fait partie des solutions de ce problème crucial du changement climatique.

Le seul renouvellement des installations arrivées à obsolescence est un défi majeur pour de nombreux États. Ici encore, il serait absurde de faire porter les solutions exclusivement à la charge des pouvoirs publics. Le secteur énergétique privé a une lourde responsabilité s'il n'a pas provisionné le remplacement de ses équipements.

Mais le choix de ce renouvellement ne peut plus se faire de la manière dont il se fit après guerre. Le charbon n'est plus acceptable, mais, quoi qu'en pensent les environnementalistes, le nucléaire est indispensable dans l'état actuel de la technologie énergétique.

Le secteur s'est traditionnellement financé par l'émission d'obligations et d'actions sur les marchés financiers, tant les montants sont importants. La transition énergétique représente un défi d'une telle importance qu'il faudra faire appel aux États, aux entreprises, mais aussi à l'épargne publique à travers les marchés financiers.

La combinaison des programmes européens et américains (sous Biden) atteindra 3 billions de dollars. À ces interventions devront s'ajouter des financements en actions et en obligations sur les marchés financiers. Dans les deux cas, les États-Unis et l'Union européenne devront faire appel aux marchés des capitaux et augmenter leur endettement.

Le financement par fonds propres ou par obligations va mobiliser pendant des décennies les marchés financiers où se développent de nouveaux instruments « verts » dont il faudra s'assurer qu'ils ne sont pas de la poudre aux yeux[10].

Les soins de santé assoiffés de financement : un besoin viral

La Cigale, ayant chanté
Tout l'été,
Se trouva fort dépourvue
Quand la bise fut venue

Jean DE LA FONTAINE,
La Cigale et la Fourmi

La crise de la Covid-19 nous aura ouvert les yeux.

Malgré les montants pharamineux investis dans les soins de santé, la plupart de nos pays se sont trouvés sans le minimum de ressources nécessaires pour éviter la contagion qui s'abat sur le monde entier. Que ce soit la pénurie des masques, les laboratoires des tests, les lits d'hôpitaux en urgence ou les établissements pour personnes âgées, nous avons découvert une société qui avait fondamentalement désinvesti dans son infrastructure sanitaire. L'Inde ne disposait pas de l'hydrogène nécessaire et a dû être sauvée par un pont aérien. Qui plus est, peu de progrès a été fait dans ces domaines durant la pandémie.

Ce n'est pourtant pas faute de dépenser. Mais nous dépensons mal. Ici aussi, s'en remettre pour les épidémies aux seuls pouvoirs publics alors que les vaccins et les équipements médicaux sont privés est une situation profondément malsaine qui défie la justice sociale : la responsabilité sans les moyens de l'exercer. Où serions-nous aujourd'hui si les États n'avaient pas massivement soutenu la recherche de vaccins ?

Les soins de santé sont beaucoup plus importants que le secteur pharmaceutique : l'abandon de maisons de retraite, d'hôpitaux, de maternités depuis des dizaines d'années nous accuse tous de négligence. C'est un problème de politique de santé.

Les États-Unis ont organisé un système qui met en danger la population au profit des assureurs, des experts et de l'industrie pharmaceutique. Le même médicament coûte le dixième au Canada. Les dépenses de soins de santé atteignent 14 % du PIB américain, alors que la moyenne occidentale est de 4 %.

À travers le monde, la cohabitation de systèmes privés et publics permet de trouver un équilibre de financement. Le débat aux États-Unis sur le financement des soins de santé offre un parfait aperçu de cette tentative du secteur pharmaceutique et des assurances privées de s'accaparer la partie profitable tout en laissant les pertes au secteur public.

Les marchés financiers constituent des ressources de financement que ce soit en biothèque, en pharmacie, en hôpitaux et en équipement médical. De grandes entreprises européennes comme Siemens ou Sanofi ne pourraient exister sans le recours des marchés.

L'impact croissant des marchés financiers sur les ménages[11]

Une des questions lancinantes est la protection des investisseurs individuels.

Il est important que les actifs qui leur sont offerts ne représentent pas un risque exagéré pour leur situation. Cela peut paraître paternaliste, mais c'est une réglementation financière connue sous son acronyme KYC (*Know Your Customer*), qui requiert une connaissance de la situation du client.

Quoique l'influence des marchés financiers soit loin de se limiter aux ménages en tant qu'investisseurs, cette participation domine de nombreux débats dont l'enjeu est sociétal. Encore faut-il que l'opinion publique s'intéresse à ces enjeux et cherche à s'éduquer. Car l'impact des marchés financiers sur le bien-être de nos populations est infiniment plus sournois ou indirect qu'immédiat.

C'est dans un effort d'éducation, de communication et d'explication que réside la solution à long terme de la dépendance des particuliers par rapport aux marchés financiers. Une des causes de cette évolution est, une fois de plus, la politique des banques centrales qui ont – non intentionnellement, mais en connaissance de cause – privé les particuliers de toute forme de rendement qu'ils ont cherché dans des actifs plus risqués ou dans des actions.

Investisseurs sophistiqués : États-Unis *vs* Europe

Les États-Unis ont interdit l'accès à certains produits sophistiqués ou qui n'ont pas fait l'objet d'un contrôle réglementaire aux QIB : les investisseurs qualifiés. Cela peut donner une impression peu démocratique. L'étendue de ces investisseurs sophistiqués vient d'être élargie par la SEC en septembre 2020[12]. Cela n'a pas empêché le développement de marchés spécialisés : leurs produits n'ont pas été proposés aux particuliers.

L'expérience prouve que cela évite des arnaques comme les obligations émises par Lehman Brothers ou les actifs de Bernard Madoff qui ont été souscrits en Europe par des particuliers alors que les investisseurs non qualifiés n'ont pas eu accès à ces investissements dangereux aux États-Unis, et ont évité le pire.

Certes, les institutions financières ont pour cette réglementation un appétit limité et tentent constamment de creuser une brèche. Mais c'est précisément pour cela que l'Europe devrait développer une législation qui limite l'accès aux produits financiers trop complexes ou inadéquats. C'est une réforme essentielle pour éviter les arnaques d'intermédiaires sans scrupules.

CONNAÎTRE SON CLIENT : LA RÈGLE D'OR DES BROKERS ET DES CONSEILLERS FINANCIERS

Les intermédiaires financiers qui offrent des actifs à leurs clients doivent effectuer un examen de leur situation financière.

L'accès à une plateforme électronique pose une question : quels sont les produits qui y figurent ? Par définition, ces plateformes ne peuvent pas « connaître » leurs clients et les jeunes investisseurs les utilisent plus souvent qu'ils ne font appel à un conseiller.

L'expression « Know Your Customer » *est apparue pour la première fois aux États-Unis à la fin des années 1960 pour désigner l'obligation spécifique de loyauté imposée au courtier, impliquant pour ce dernier de connaître son client afin de lui recommander des investissements adaptés à sa situation et à ses besoins. Ce n'est qu'à partir du début des années 1990 que cette obligation de connaissance du client a progressivement imprégné l'ensemble des activités bancaires et financières et s'est notamment vu assigner une fonction nouvelle de lutte antiblanchiment. De manière assez étonnante, ce terme fut surtout utilisé en France à partir de la fin des années 1990 pour désigner les obligations d'identification et de surveillance du client en matière de lutte antiblanchiment qui semble pouvoir accueillir ce concept dans son acceptation la plus large, telle qu'elle est conçue en droit américain, et partant, se départir de la terminologie anglo-saxonne pour en faire un véritable concept de droit interne*[13].

L'INVESTISSEMENT DANS LES FONDS : L'INFLUENCE INDIRECTE

Le rôle des investisseurs particuliers est le plus souvent indirect : ils achètent des fonds qui, eux-mêmes, interviennent sur les marchés de capitaux. Aux États-Unis, les fonds communs de placement représentent plus de 20 billions de dollars sur 55 au niveau mondial. Cette force indirecte est importante, mais ce sont les gestionnaires de fonds qui assurent la gouvernance. La protection des investisseurs existe à plusieurs niveaux :

• Diversité des actifs : le gestionnaire d'un fonds investit, selon la vocation du fonds, dans une variété de titres qui constituent à eux seuls une diversification du risque de l'investisseur.
• Responsabilité de l'émetteur des fonds : le gestionnaire d'un fonds est une institution réglementée qui est tenue à une obligation fiduciaire et doit mettre au premier rang l'intérêt des investisseurs du fonds.
• Possibilité d'entrer et sortir facilement : les fonds peuvent être soit vendus en Bourse soit remboursés au cours de la clôture dans les trois jours. Il est donc aisé pour un investisseur d'acheter et vendre des parts de fonds communs.

Pour les investisseurs non avisés, investir dans des actions spécifiques peut se révéler un succès ou une perte énormes. Qui plus est, le nombre de « conseillers » peu scrupuleux qui pullulent sur les médias sociaux est affligeant. C'est la principale raison pour laquelle investir dans un fonds est une protection contre des risques de pertes brutales et une diversification des risques.

Les gestionnaires des fonds subissent les évolutions de l'opinion publique. Ainsi, la pression sociétale en faveur de l'environnement se traduit par une multiplication de fonds spécialisés dans ce type d'investissement. Les chiffres les plus récents font état de 7 billions de dollars.

La croissance météoritique des fonds qui ont décidé de se spécialiser dans les investissements « verts » confirme l'influence des particuliers sur les investissements éthiques[14].

Les barrières à l'entrée

Si les investisseurs particuliers souhaitent avoir accès directement au marché ils doivent comprendre que seules les institutions qualifiées disposent de ce privilège. Que leur compte-titres soit auprès d'une banque ou d'un broker, il est soumis à des règles de précaution et c'est donc à travers cette banque ou ce courtier que l'ordre va passer, même s'il est transmis de manière électronique.

Par contre, à travers un tel intermédiaire, l'investisseur peut choisir son investissement directement sans passer par le filtre d'un fonds. Il a aussi accès à une information dont dispose l'intermédiaire qu'il a choisi.

Au cours du premier semestre de 2020, pour des raisons qui vont de la passion des milléniums pour des plateformes électroniques à l'envie simplement de faire passer le temps, les investisseurs individuels sont devenus une partie croissante des acheteurs d'actions directes. Ces opérations se sont faites à travers des applications liées à un compte-titres, mais sans que l'investisseur s'en rende compte.

Les barrières à l'entrée sont réduites par les accès digitaux. Pour les régulateurs, ces e-brokers constituent un défi considérable. Comment assurer l'information et les précautions que représentent des brokers électroniques ?

Après le suicide d'un de ses clients, convaincu d'avoir perdu des centaines de milliers de dollars, le courtier en ligne Robinhood a essuyé de vives critiques. Prisée par les milléniaux, la plateforme est accusée par ses détracteurs de trivialiser les opérations boursières[15].

UN LANGAGE INCOMPRÉHENSIBLE

Face à une décision d'investissement, il est devenu pratiquement impossible pour un particulier de disposer d'une information compréhensible. Les prospectus sont un salmigondis de termes juridiques. Tout est fait comme si l'émetteur se protégeait contre des poursuites, sans aucune préoccupation pour la compréhension de son client.

La logomachie financière est tellement absconse qu'elle oblige à une explication des risques et des avantages d'un actif tel qu'un produit dérivé, un « coin » ou autre. Mais comme toute langue, le langage financier suppose quelques connaissances de base. L'absence d'éducation financière rend difficile pour le particulier de comprendre ce langage.

Un exemple entre tous : peu nombreux sont les étudiants (pourtant bien éduqués) qui comprennent que lorsque les taux d'intérêt montent, les cours des obligations baissent et *vice versa*. Et parmi ceux qui le savent, moins encore savent pourquoi.

La SEC a émis une règle qui impose aux rédacteurs de renoncer au jargon juridique et à parler un *plain English*. Les prospectus européens restent encore assez abscons pour un lecteur non spécialisé.

Arriver à s'adresser à une population diverse d'investisseurs est un défi que la technologie, sans l'éducation, ne parvient pas à relever.

L'ASSAUT DU MARKETING FINANCIER

À l'origine de la crise financière et de son impact sur le public, on trouve des techniques de marketing qui ont induit l'emprunteur en erreur. Les banques ont dû payer 321 milliards de dollars d'amendes aux États-Unis pour avoir trompé leurs clients, même si elles refusent ce terme. C'est peu face aux drames humains que la crise a provoqués.

Ce marketing « conforme aux réglementations » joue sur l'ambiguïté et utilise des mots que le particulier ne peut pas comprendre. Cela vaut aussi pour les fonds, les prospectus d'émissions d'actions et les rapports annuels.

Le mensonge par omission est une pratique courante du marketing financier. Quant à la publicité financière, elle est le plus souvent un attrape-nigaud.

Pour cela, il faut aller non seulement au-delà des apparences, mais également au-delà du discours de marketing qui cherche à inciter l'acheteur sans pour autant lui expliquer exactement ce qu'il acquiert.

L'addiction à l'endettement

La dette est comme l'alcool, l'abus peut être mortel.

Les marchés financiers ne sont pas neutres. Ils impactent directement l'épargne, voire les retraites ou les polices d'assurance. C'est pour cette raison que la crise de 2008 est née au sein des emprunteurs individuels dans un secteur sensible : les prêts immobiliers.

Même si les ménages sont plus prudents que les entreprises ou les gouvernements, leur endettement reste significatif. N'est-ce pas une démonstration que l'on ne prête qu'aux riches ?

Les conditions d'un emprunt hypothécaire dépendent étroitement du taux d'emprunt des obligations d'État, de l'appétit des banques pour le risque et pour la durée de ces prêts. Ils sont donc soumis à la politique monétaire des banques centrales et au taux d'emprunt des banques qui octroient ces prêts.

L'Europe a connu une floraison d'emprunts hypothécaires à des taux excessivement bas, grâce à la politique monétaire des banques centrales qui rachetaient des emprunts d'État et de ce fait réduisaient les taux de référence en dessous de zéro dans de nombreux pays.

Le taux d'endettement des ménages par rapport à leur revenu disponible montre des disparités substantielles entre les ménages à travers le monde. Plus de la moitié des pays recensés ont une dette des ménages supérieure à 100 % des revenus[16].

La manière dont les institutions financières de tout poil ont organisé des campagnes auprès des particuliers pour les convaincre de s'endetter au-delà du raisonnable a détruit des millions de ménages. Les mensonges sur les taux d'emprunts ou les risques des investissements sont aussi répandus qu'inacceptables. Seule l'éducation mâtinée de bon sens vous défendra contre les sirènes qui continuent à ruiner les plus démunis.

L'inégalité d'accès aux marchés financiers

La question que soulève l'évolution des marchés des capitaux est, *in ultimo*, celle de la propriété des actifs financiers. Il est difficile de savoir exactement quelle est la part de la population qui est actionnaire ou obligataire, que ce soit directement ou indirectement. Cette partie de la population qui a été le bénéficiaire du quadruplement en dix ans de la richesse actionnariale aux États-Unis est un des moteurs même de l'inégalité qui est devenue indécente. L'Europe n'a pas connu une croissance semblable. Tout au plus un doublement de l'indice Stoxx 50. Mais ces moyennes ne disent pas tout. L'Europe n'a pas su générer les croissances spectaculaires des actions des entreprises de technologie.

Une étude de l'OCDE tente d'approcher la distribution de la propriété des actions. Elle ne permet qu'une esquisse de l'inégalité de l'accès aux marchés financiers mais rend compte de l'énorme inégalité entre les régions du monde[17].

Une source d'enrichissement pour les riches

Nombreux sont les articles qui sont publiés dans les médias à propos de l'enrichissement des milliardaires. L'existence de grosses fortunes en France explique cette attention médiatique[18]. Les journalistes se contentent généralement de donner des chiffres qui sont impressionnants.

Quel est le rôle des marchés financiers dans cet enrichissement ? Le rôle d'étalon de valeur des entreprises est également une mesure de la richesse des actionnaires. Bloomberg a créé un index des milliardaires[19].

Un des exemples les plus impressionnants est le patron de LVMH, Bernard Arnault. Il est la première fortune mondiale avec 200 milliards de dollars en 2021[20]. Le cours de l'action LVMH est passé de 350 à 650 euros, soit une hausse de plus de 80 % en dix-huit mois. La fortune de Bernard Arnault a donc augmenté de 100 milliards de dollars sur cette période[21].

Dans cette fonction, les marchés financiers reflètent la valeur attribuée par les investisseurs à une entreprise. Mais cela ne signifie pas que Bernard Arnault pourrait, s'il le voulait, vendre ses actions LVMH en Bourse au cours de Bourse. Détenant près de la moitié du capital de l'entreprise, il lui est impossible de disposer de ses actions de manière significative à travers les marchés boursiers. Qui plus est, cet actionnariat d'un entrepreneur exceptionnel est une des sources de la valeur de l'entreprise. Ses actionnaires lui font confiance. Il faut donc se méfier de la définition des grosses fortunes…

Pour comprendre ce paradoxe, rappelons que l'acheteur passif de 1 000 actions de LVMH a gagné 250 000 euros en un an. Cette richesse est non seulement réelle, mais également sonnante et trébuchante puisque à tout moment, l'investisseur peut vendre ses actions.

Ce cas est symptomatique de la création de valeur par des entrepreneurs. Il en existe à travers le monde. Il faut différencier l'enrichissement des Bill Gates, Bernard Arnault et autres Masayoshi Son. Ceux qui les suivent et sont des investisseurs passifs ont accès à des croissances de leur richesse qui sont purement passives.

90 % de la population mondiale est dépourvue d'accès aux marchés financiers

Dans un article publié en 1964, le *New York Times* posait la question : 17 millions d'Américains qui détiennent des actions signifie-t-il que les États-Unis sont un capitalisme populaire[22] ? À la fin de 2019, ce nombre atteint dix fois celui de 1964. Est-ce une indication suffisante ? La distribution de cet actionnariat est remarquablement inégale. L'étude de Gallup publiée en avril 2020 donne l'image suivante à la fin 2019. 55 % de la population américaine est actionnaire. Les estimations européennes sont proches de 25 %, mais montrent également une énorme différence entre le nord et le sud du continent. Ces évolutions creusent l'inégalité.

Tableau 1. L'actionnariat individuel de la population américaine en actions américaines[23]

Stock Ownership Among Major U.S. Subgroups, 2021		
	Détiennent des actions %	**N'en détiennent pas** %
Adultes US	55	45
Hommes	58	42
Femmes	52	47

Dans un pays dont la vaste majorité des habitants vit de paiements hebdomadaires, il n'est pas surprenant de constater que le bas de l'échelle sociale et économique n'est pas concerné par un accès aux marchés des capitaux : richesse, éducation et race continuent d'influencer cette distribution.

Nourrie par l'endettement et les taux d'intérêt nuls, cette croissance astronomique de la valeur des actions et des obligations a créé une bulle qui, en 2020 et 2021, a été nourrie par les banques centrales et les opérations de relance de l'économie qui se sont retrouvées en Bourse.

L'inégalité des marchés financiers s'accroît donc indirectement grâce à l'endettement de l'État et à la planche à billets des banques centrales. Est-ce bien leur rôle de promouvoir cet enrichissement sélectif ?

L'innovation technologique et financière est-elle socialement utile ?

Autant le dire d'emblée, il est aussi absurde d'être « pour » que d'être « contre » l'innovation technologique et financière.

Cela ne veut pas dire que toute innovation est utile ou honnête. Très souvent, en voyant arriver une innovation, j'ai tenté de comprendre ce qu'il y avait de « nouveau » dans celle-ci.

Cette position m'a amené à me poser la question de savoir à qui profite vraiment l'innovation. A-t-elle une valeur ajoutée ou est-elle simplement une manière de permettre aux marchés financiers de se développer au-delà de toute utilité sociale ou économique ?

Quelqu'un pourrait-il démontrer la valeur ajoutée du fait de séparer les divers éléments d'un produit financier, de négocier le dividende et l'action sans dividende ? Ce sont là de fausses innovations : il s'agit simplement de diviser des jetons de casinos. C'est de la pure spéculation qui permet aux traders de se faire payer deux fois.

Il en va de même des cryptos : ils ne répondent pas à une valeur autre que celles d'un jeton qui s'échange et dans lequel un marketing de génie a fallacieusement tenté d'introduire une valeur technologique ou financière. C'est purement de l'offre et de la demande sans substance.

Mais oser mettre en question l'utilité de ces innovations et adopter un esprit simplement critique qui pose la question de leur utilité constituent un crime de lèse-majesté. Il est essentiel cependant de séparer les innovations qui créent de la valeur des autres. L'innovation est une religion qui a désormais ses « évangélistes ».

La gouvernance des entreprises technologiques a régulièrement été prise en défaut de respect de la réglementation ou de l'éthique. Ce n'est que maintenant que certaines voix s'élèvent contre le « terrorisme technologique » qui domine les marchés des capitaux.

Ce sont les injections de liquidité qui ont fait exploser la valeur des grandes entreprises technologiques, et non leur performance, souvent médiocre. Leurs fondateurs et dirigeants sont à peu près tous milliardaires. Les cinq principales capitalisations financières du monde dépassent 1 billion de dollars chacune. Apple, Microsoft, Amazon, Alphabet (Google) et Facebook valent ensemble 9,1 billions de dollars, à comparer avec les économies des pays.

Tableau 2. Dix principaux pays par ordre de leur PIB[24]

États-Unis	20,49 billions
Chine	13,4 billions
Japon	4,97 billions
Allemagne	4,00 billions
Royaume-Uni	2,83 billions
France	2,78 billions
Inde	2,72 billions
Italie	2,07 billions
Brésil	1,87 billion
Canada	1,71 billion

Les produits dérivés : à qui profitent-ils ?

Jusqu'ici, nous nous sommes contentés de nous focaliser sur les quelque 100 billions de capitalisation boursière d'actions cotées à travers le monde. On pourrait naïvement penser que cela est suffisant, et impressionnant. Mais les marchés financiers ne se sont pas arrêtés en si bonne compagnie.

Quand JP Morgan annonce[25] que, en pleine crise du coronavirus, elle a engrangé un bénéfice de 2 milliards de dollars dans la seule activité de trading en produits dérivés sur actions, ne sommes-nous pas en droit de nous demander à qui profite ce marché et quels sont les risques qui y sont attachés ? Lorsque BNP Paribas reconnaît dans son bilan 247 milliards de produits dérivés (soit 12 % de ses actifs) comme instruments financiers et seulement 12,5 milliards aux fins de couverture[26], on peut imaginer quelle est la proportion du marché des produits dérivés qui soutient la couverture des risques et la classe d'actifs spéculatifs.

L'article en référence donne une idée de la valeur notionnelle des produits dérivés sur actions[27].

De tout temps, les entreprises et les investisseurs ont voulu se « couvrir » contre certaines fluctuations des marchés : que ce soit les risques de change, de crédit ou de taux d'intérêt, l'innovation financière a permis de trouver dans les produits dérivés des solutions plus faciles que le marché à terme ou les swaps.

Ce qui apparaît comme des solutions rapides et aisées cache cependant des risques de contrepartie. Il ne s'agit donc pas seulement d'une opération, mais d'une multiplication des risques.

Si un emprunteur en francs suisses à taux d'intérêt flottant pourra obtenir un crédit ou émettre des obligations à des taux négatifs, il n'y a pas beaucoup d'entreprises mondiales qui ont besoin de francs suisses. Qu'à cela ne tienne : s'il s'agit d'une entreprise américaine qui cherche à emprunter du dollar à taux fixe, les produits dérivés lui permettront de « swaper » son emprunt en dollars avec une banque suisse, swaper ses intérêts à taux flottant en taux fixe avec une entreprise japonaise et swaper ses intérêts fixes en francs suisses en dollars avec une banque américaine. Dans cet exemple, il y a trois contreparties pour arriver à emprunter du dollar à taux fixe. On suppose dès lors que ce mécanisme diminue le coût par rapport à une émission d'obligation. Mais en cas de crise, le risque de contreparties peut être multiplié. De toute manière, il ne sera pas comptabilisé. Ces produits sont moins chers précisément parce qu'ils ne prennent pas le risque de crédit en considération.

L'explosion du marché des produits dérivés, devenus une classe d'actifs, a été facilitée par une réglementation complaisante qui, au lieu de prendre en compte les risques associés aux transactions, ne pondère que le solde. Des réformes ont été mises en place pour assurer une meilleure transparence de ces risques. Le règlement européen EMIR a introduit de nouvelles obligations pour les acteurs intervenant sur les marchés de produits dérivés : contreparties financières ou non financières effectuant une transaction sur ces marchés, chambres de compensation ou référentiels centraux[28].

La vente à découvert : quelle mouche pique les prêteurs de titres ?

Les ventes à découvert sont un autre mécanisme qui tend à augmenter artificiellement la « liquidité » des marchés financiers pour le plus grand bien des… institutions financières.

Nous reviendrons sur le rôle que cette technique joue dans l'activisme. Le propos ici est de rendre compte d'une absence de prise en compte des risques associés à ce type d'opération.

Vendre des actifs financiers que l'on ne possède pas (les opérations à découvert à nu) se fait à travers une opération parallèle qui consiste à emprunter les actifs à d'autres propriétaires des titres concernés. Sans ces derniers, ce marché ne pourrait pas exister. Rien qu'aux États-Unis, les opérations à découvert représentent une liquidité additionnelle à très court terme qui se situe aux environs de 5 % de la capitalisation de l'indice S&P 500, se rapprochant de 2 billions de dollars.

Le prêteur de titres encourt un risque de crédit qui n'est pris en compte dans aucune des réglementations financières.

QUEL OBJECTIF CES INVESTISSEURS POURSUIVENT-ILS ?

Avant de poser la question de savoir si les ventes à découvert sont légitimes, il convient d'aborder la question de leur fonctionnement. Comme le nom l'indique, des actions sont offertes en vente sur les marchés financiers alors que le vendeur ne les possède pas. Il est donc « à découvert » car il devra livrer ces actions ou obligations dans les trois jours au plus tard.

De telles opérations ne sont possibles que parce que le vendeur couvre ce risque en « empruntant » les titres qu'il va livrer. Cela signifie donc qu'un investisseur propriétaire de ces actions a accepté de les prêter. Ce faisant, il obtient un taux d'intérêt et une commission qui rémunèrent ce prêt.

La question qui n'est pas posée est de savoir si cette rémunération couvre le risque que la contrepartie soit en défaut. Qui sont ces créanciers ? Par définition il s'agit de détenteurs des titres, mais une opacité existe sur la transparence de ces prêts.

EST-CE TOUT ?

C'est ce que les prêteurs de titres et les opérateurs à découvert voudraient nous faire croire en vantant les bénéfices des ventes à découvert pour la liquidité des marchés financiers[29]. La réalité qui me laisse perplexe est la motivation du prêteur de titres. Par définition, il recevra les titres en retour. Il est donc investisseur dans ces titres. Pourquoi prêter à une contrepartie (et donc prendre un risque de crédit) dans une opération qui aura pour objectif de faire baisser le cours du titre, et donc s'exercera à son désavantage ?

Les investisseurs sont généralement dans l'ignorance du fait que les titres qu'ils détiennent vont servir à faire… baisser la valeur de leur investissement au nom de la liquidité de marché. Ils en ont en effet donné l'autorisation à leur dépositaire dans un document de vingt pages en petit caractère.

Les régulateurs ne devraient-ils pas interdire ces manipulations avec des titres détenus par les particuliers ? La question ne se pose-t-elle pas pour les fonds de pension et les compagnies d'assurances ? Les prêteurs ne devraient-ils pas se voir imposer un ratio de capital pour couvrir le risque de l'emprunteur ?

AUGMENTER LA TAILLE DES MARCHÉS FINANCIERS

La crise de 2008 a vu fleurir ces manipulations et précipiter des baisses de valeurs. Il a même fallu parfois les interdire. Du 18 mars au 18 mai 2020, en pleine crise boursière, l'AMF a interdit les ventes à découvert et toute autre opération ayant pour effet de créer ou d'accroître une position courte nette. Cette interdiction était applicable à toute personne établie ou résidant en France ou à l'étranger investissant sur des actions négociées sur des marchés français, relevant de la compétence de l'AMF[30].

Qui plus est, une entreprise dont les actions font l'objet de positions à découvert importantes doit effectivement gérer non seulement sa capitalisation boursière, mais aussi la valeur de ces positions *short*.

On augmente la taille des marchés financiers : y a-t-il un effet bénéfique pour l'économie ? Zéro. Effet pour le marché : maximum. Nous n'arriverons pas à diminuer la pression des marchés sans imposer une prise en charge du risque de crédit associé à ces opérations.

Cela ne condamne pas les opérations a découvert : tout dépend des motivations des acteurs et des risques qu'ils prennent.

L'affaire Game Stop a vu un exemple grandeur nature de ce type de risque. Le hedge fund *Melvin Capital a commencé l'année 2021 avec une valeur d'actifs de 12,5 milliards de dollars qui a fondu à 8 milliards fin janvier, en raison de la hausse du marché boursier. Il avait pris le pari que Game Stop, une entreprise de distribution de jeux vidéo dont le titre venait de monter, allait reculer. Lorsque l'attaque en règle contre cette position a été lancée par des activistes opposés à ce type d'opération, ce fonds a perdu 53 % de sa valeur en quelques jours de février face à une hausse de 1 625 % du cours de Bourse de la société. Comment ont-ils réussi à emprunter ces actions ? Qui a pris le risque de crédit sur Melvin Capital ?*

L'(in)expérience des cryptos ou la construction d'actifs sans substance

La création de nouveaux produits financiers est souvent née de la rencontre sur les marchés des capitaux des désirs des emprunteurs et des prêteurs. D'autres, plus artificiels, ont trouvé dans les marchés un milieu permettant leur éclosion sans répondre à un besoin économique ou financier.

Parmi eux, le bitcoin reste la tentative la plus réussie d'un nouveau type d'actifs qui fut appelé – à tort – une monnaie alternative par la Federal Reserve. C'est aussi la plus controversée. Autour du bitcoin, un écosystème s'est créé, utilisant des termes connus, mais en créant une confusion : monnaie, bourse, jeton de casino ?

LES CRYPTOS SONT UNE GIGANTESQUE PYRAMIDE DE PONZI

Graphique 6. Évolution du cours du bitcoin pour 2020-2021[31]

Les cryptos ont-ils une utilité sociale ou sont-ils seulement la manifestation de la méfiance des investisseurs ? Ont-ils été à l'origine de fraudes gigantesques de blanchiment d'argent criminel ? Je reste convaincu, comme je l'ai écrit en 2014, qu'il s'agit d'une pyramide de Ponzi bâtie sur le sable.

Le bitcoin est, depuis novembre 2013, victime d'une manipulation qui s'apparente au schéma de Ponzi (Ponzi Scheme, *en anglais). On se souvient que Bernard Madoff avait monté de toutes pièces une activité qui lui avait permis de récolter 50 milliards de dollars qui se sont effondrés comme un château de cartes. Il n'y avait pas d'actifs derrière ces fonds. Le mécanisme est simple : une performance exceptionnelle qui ne repose sur rien. Il faut que les investisseurs continuent à remplir le gouffre, jusqu'à ce que la musique stoppe. Mais dans ce cas, ce n'est pas une chaise qui manque, elles tombent toutes ensemble. Il n'y a aucune réalité économique ou financière derrière le bitcoin : seulement une valeur de convenance entre parties, avais-je écrit en 2014*[32].

UNE PERTE NETTE POUR L'ÉCONOMIE

À la différence d'une action ou d'une obligation, les cryptos ont un impact négatif sur l'économie. Ils constituent une fuite devant la monnaie et l'épargne qui s'engouffre dans ces instruments va aux vendeurs, et sort de l'économie. Aucune valeur ajoutée sociale n'en fait partie. C'est un immense jeu entre riches qui ont invité les moins riches à spéculer sur un actif de nature indéfinie, traité sur des bourses qui n'en sont pas, et inaptes à être un moyen de paiement ou une unité de compte.

Il faut cependant reconnaître que le problème est ailleurs : une frange plus ou moins éduquée de la population a acquis une telle méfiance vis-à-vis des banques ou des autorités monétaires qu'elle est prête à investir dans n'importe quoi, pourvu que les autorités et les institutions traditionnelles les rejettent.

Ce problème est une question de démocratie : si nous ne reconnaissons pas la valeur ajoutée d'une devise ou d'une banque centrale, c'est que le système a perdu une partie de sa crédibilité. C'est là le défi auquel les États et les banques centrales sont confrontés : la méfiance vis-à-vis de la monnaie.

FACEBOOK, LE LIBRA, OU LES RÊVES DE GRANDEUR D'UNE ENTREPRISE ARROGANTE

Récemment, Facebook s'est lancé à bride abattue dans une aventure dont l'ambition aurait dû éveiller sa propre suspicion : une monnaie digitale universelle, le Libra. Pour un grand nombre de raisons, il s'est écrasé. Prenant à l'assaut de son arrogance le privilège souverain de « battre monnaie » et sourd aux questions régaliennes que cette tentative a soulevées, Facebook a dû battre en retraite et le Libra, devenu Diem, n'est plus rien d'autre qu'un moyen digital de paiement lié à une devise, en langage technique un *stablecoin*.

Lorsque Facebook a décidé de lancer sa propre version d'une « monnaie digitale universelle », le Libra, je me suis demandé un instant si Mark Zuckerberg et son adjoint français, David Marcus, ancien patron français du système de paiement PayPal, étaient des utopistes ou des mystificateurs ou les deux à la fois.

Ce qui m'a le plus choqué, c'est la prétention exorbitante de Facebook de résoudre par le Libra le problème de ceux et celles qui n'ont pas accès à un compte bancaire et donc à la monnaie autre que sous forme de papier. Se présenter comme le sauveteur de ces populations a un goût de paternalisme et sonne faux. Même les Nations unies sont tombées sous le charme des sirènes du Libra.

Après des mois de suspicion sur la manière dont l'entreprise « monétisait » les données de son monopole qu'elle récoltait en les vendant, y compris à des gouvernements peu reluisants, Mark Zuckerberg a dû faire face au Congrès américain et au Parlement européen en mai 2018. Guy Verhofstadt lui demanda s'il voulait être ce monstre qui a construit une machine pour détruire la démocratie[33]. Le débat du *Figaro* était intitulé : « Facebook : Zuckerberg se moque-t-il du monde[34] ? »

Ignorant la dimension politique du problème, Facebook annonce le Libra en concurrence avec les devises, et se prend de plein fouet l'opposition des gouvernements et des banques centrales, sur un projet reçu béatement par les adorateurs de l'innovation technologique.

Le Libra est aujourd'hui attaqué de toutes parts par les banques centrales et les leaders politiques mondiaux qui invoquent les nombreux risques que sont : le développement du blanchiment d'argent, l'augmentation de l'instabilité économique, une nouvelle possibilité d'abuser des données des utilisateurs. Pour autant, le risque majeur que les responsables politiques souhaitent éviter à tout prix demeure celui de la privatisation de l'offre monétaire internationale par un consortium d'entreprises privées qui impliquerait que les États soient dépossédés de leur souveraineté économique et monétaire[35].

Le Libra a fait émerger un des grands défis de l'innovation financière qui cherche à se substituer aux autorités de divers pays. Dans le blog de la Columbia Law School, j'ai analysé les dimensions que Facebook avait choisi d'ignorer[36]. C'est dans l'arrogance qui caractérise cette société dont la gouvernance est de plus en plus impérialiste que nous trouvons la réponse à ce remarquable échec de Facebook « à qui tout réussit ».

C'est le cas le plus évident d'un défi à la démocratie en provenance de l'univers numérique. Dois-je y ajouter le soutien de Mark Zuckerberg en faveur de Donald Trump qui a valu à Facebook une grève de son personnel et son refus de bloquer les sites étrangers tentant d'influencer l'élection présidentielle américaine de 2020 ?

Les dernières aventures d'Elon Musk, grand influenceur devant l'éternel, autour du paiement des voitures Tesla en bitcoin, ravalé en une semaine, mais accompagné d'achats de bitcoin et autres déclarations contradictoires, lui ont valu une remise à l'ordre de la SEC.

La fin ne justifie pas les moyens, même en technologie. Les règles démocratiques s'imposent aux médias sociaux, d'où qu'ils viennent. Mais le défi des banques centrales vient à peine de commencer : comment digitaliser les monnaies traditionnelles ? Le lancement de devises digitales opérées par les banques centrales soulève des problèmes qui vont au-delà de la technologie.

Les *Exchange Traded Funds* (ETF) : une innovation utile

Nés d'une possibilité d'éviter l'impôt sur les plus-values aux États-Unis, les ETF sont devenus une composante essentielle des marchés financiers. Ils répondaient à un besoin qui explique leur succès : un instrument coté en Bourse dont la valeur reflétait des indices boursiers. C'est un défi au modèle de gestion active. Leur grand avantage ? Ils se traitent comme une action et peuvent être vendus et achetés à tout moment, ce qui n'est pas le cas des fonds communs de placement.

Schéma 2. L'écosystème des *Exchange Traded Funds*[37]

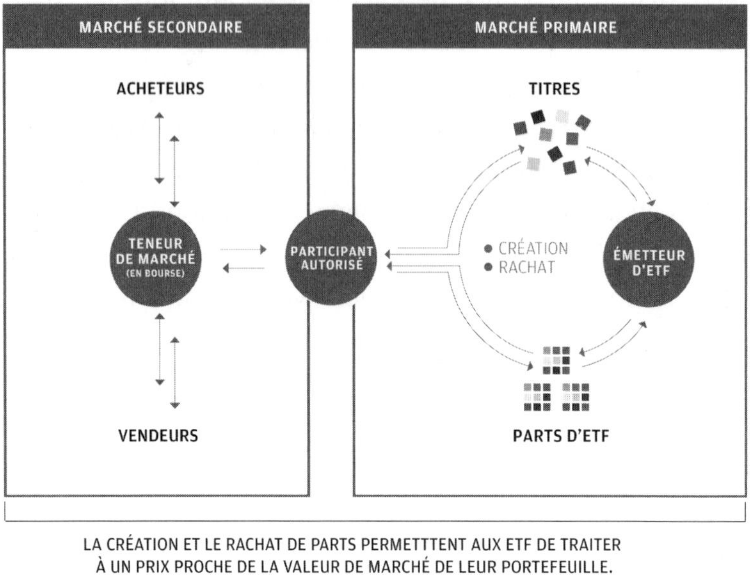

Source : JP Morgan asset management

Ils atteignent maintenant 15 billions de dollars à travers le monde, dont près de la moitié aux États-Unis. Récemment, les ETF se sont lancés dans des variations qui ne fournissent pas cette transparence ou cette liquidité, au point que la SEC aux États-Unis a régulé ces instruments, en excluant des dizaines d'entre eux qui utilisaient cette dénomination de manière incorrecte.

Les fonds actifs et les fonds passifs (ETF ou fonds indexés) ont évolué pour atteindre la même taille qui dépasse aujourd'hui 4 billions de dollars chacun. Cela menace une des activités les plus lucratives des institutions financières : la gestion de fortune et la banque privée. Et pourtant, la gestion active devrait être en mesure de se dissocier des indices boursiers.

High-frequency trading ou la course à la nanoseconde pour les plus forts

Dans son livre *Flash Boys*, l'auteur et commentateur le plus remarquable de la finance américaine, Michael Lewis, raconte l'histoire de la construction d'un câble à haute fréquence de 1 331 km pour réduire le temps de transactions entre Chicago et le New Jersey pour la modeste somme de 300 millions de dollars. Le but : créer un avantage de concurrence à la rapidité d'exécution et surtout de captation d'ordres avant même que les autres puissent les identifier.

Le câble devait relier le Chicago Mercantile Exchange aux opérations du Nasdaq Stock Market à Carteret, et le but était de réduire le plus de millisecondes possible pour les ordres que les commerçants envoient entre les deux marchés. C'est ainsi que se forme le rôle du Garden State dans le nouveau Wall Street – où à l'intérieur des entrepôts anonymes de Secaucus, Weehawken et Mahwah, tourbillonnent les épines dorsales informatisées des principales Bourses[38].

La technologie a permis que s'engage une course effrénée à la réduction de la vitesse de transaction : ce fut notamment le cas des transactions sur les marchés boursiers où les plateformes de trading se sont équipées de capacités d'action à la microseconde.

Devant cette technologie coûteuse s'est installée une forme d'inégalité des opérateurs, faisant échec à la réglementation en matière d'accès au marché lui-même. Ceux qui ont accès à ces technologies extraordinairement coûteuses peuvent battre ceux qui n'en ont pas les moyens.

En juin 2020, le régulateur des marchés à terme américains, la Commodity Futures Trading Commission (CFTC), a enterré la « Reg AT » : elle a renoncé à exiger des firmes de trading automatique qu'elles s'enregistrent auprès d'elle et qu'elles lui révèlent leur code, c'est-à-dire l'algorithme qui fonde leur stratégie. Cette dernière proposition « était probablement non conforme à la Constitution », reconnaît Brian Quintenz, un des quatre commissaires de la CFTC[39].

Où se trouve la valeur ajoutée de la vitesse d'exécution si ce n'est le pouvoir d'aller plus vite qu'un concurrent ? En tout état de cause, une fois de plus, il n'y a aucune valeur ajoutée sociétale à cette course. Le fond du problème est le caractère inégalitaire de cet accès aux marchés : seuls les systèmes informatiques les plus puissants ont les moyens de capter le flux d'ordres avant les autres. Une fois de plus, c'est là que la question de la démocratie et de l'inégalité se pose.

La réglementation de l'innovation n'est pas facultative

Ces innovations posent un problème singulier aux régulateurs.

Elles ont en commun d'augmenter substantiellement les actifs financiers qui vont être traités sur les marchés financiers, réglementés ou non. Ils représentent une course à la taille et à la vitesse dont l'utilité sociale pose des questions, Mais ce type de question ne fait pas partie de leurs attributions.

S'il n'est pas de leur rôle d'intervenir au niveau des laboratoires d'innovation, il a fallu que le bitcoin atteigne 500 milliards de dollars pour que la Federal Reserve s'en préoccupe.

Aujourd'hui encore, le débat juridique sur la nature de ces innovations n'est pas terminé. Dans un tel contexte, l'absence de limitation de l'accès à ces innovations pour la masse des particuliers a été à l'origine d'extorsions à grande échelle.

L'innovation des marchés financiers ne peut pas se développer au détriment de la démocratie, des règles de transparence, voire organiser la fraude ou l'évasion fiscale. Comment y arriver sans avoir un effet dissuasif sur l'innovation ?

Le secteur des Fintech qui vise la technologie des services financiers et ses diverses composantes ne peut être un moyen de concurrence déloyale avec les banques ou les compagnies d'assurances qui sont réglementées. C'est au secteur des Fintech de démontrer qu'il ne tombe pas dans les abus et aux autorités de contrôle de vérifier la véracité de cette information.

Le concept du « bac à sable » (*sandbox*) a été développé pour permettre de faire des expériences entre innovateurs et régulateurs avant la montée en puissance de cette innovation : il devrait permettre une évolution plus harmonieuse.

UNE CULTURE AU-DESSUS DES LOIS ?

Comme nous l'avons vu, la multiplication des initiatives crée un écosystème difficile à réguler.

Le fond du problème est cependant la culture du monde de la technologie qui considère que toute forme de limitation de son développement est une agression de la « vieille économie ». Transformer ce conflit en une dimension générationnelle rend la discussion difficile.

Naviguer entre l'intérêt des marchés et celui des investisseurs ne sera possible que si la réglementation elle-même évolue.

Les grands acteurs de la technologie agissent de plus en plus comme s'ils étaient au-dessus des lois. C'est antidémocratique.

Cette partie pose des questions essentielles sur le fonctionnement des marchés financiers, ses acteurs inégaux et les risques qui en découlent. Elles ne peuvent plus être éludées, à moins qu'il faille attendre la énième crise majeure pour forcer les opérateurs à sortir de leur déni.

QUATRIÈME PARTIE

Quand l'idéologie des marchés s'oppose à la démocratie

Les marchés financiers ont-ils une idéologie ?

Le chemin parcouru provient du constat d'inégalités insoutenables : pour en trouver la source nous avons porté notre attention sur le comportement des acteurs et sur le détournement des marchés des capitaux de leur mission première vers les intérêts des marchés et leurs acteurs, considérés comme une fin en soi.

Nous ne pouvons pas en rester là : l'exacerbation des inégalités dans cette dernière décennie nous accule à nous poser la question de l'idéologie qui sous-tend cette évolution et enrichit de plus en plus les détenteurs de titres et laisse sur le pavé la plus grande partie de nos populations. Pour ce faire, nous allons tenter de débusquer cette idéologie.

« *L'idéologie est un processus que le soi-disant penseur accomplit sans doute consciemment, mais avec une conscience fausse. Les forces motrices véritables qui le mettent en mouvement lui restent inconnues, sinon ce ne serait point un processus idéologique. Aussi s'imagine-t-il des forces motrices fausses ou apparentes. Du fait que c'est un processus intellectuel, il en déduit et le contenu et la forme de la pensée pure, que ce soit de sa propre pensée, ou de celle de ses prédécesseurs. Il a exclusivement affaire aux matériaux intellectuels ; sans y regarder de plus près, il considère que ces matériaux proviennent de la pensée et ne s'occupe pas de rechercher s'ils ont quelque autre origine plus lointaine et indépendante de la pensée. Cette façon de procéder est pour lui l'évidence même, car tout acte humain se réalisant par l'intermédiaire de la pensée lui apparaît en dernière instance fondé également dans la pensée » (Lettre d'Engels à F. Mehring, 14 juillet 1893,* in *K. Marx et F. Engels,* Études philosophiques)[1].

Le premier paragraphe du dernier ouvrage de Thomas Piketty, *Capital et Idéologie*, nous offre une des réponses fondamentales à la question de savoir si les marchés financiers ont une idéologie.

Chaque société humaine doit justifier ses inégalités : il faut leur trouver des raisons, faute de quoi c'est l'ensemble de l'édifice politique et social qui menace de s'effondrer. Chaque époque produit ainsi un ensemble de discours et d'idéologies contradictoires visant à légitimer l'inégalité telle qu'elle existe ou devrait exister, et à décrire les règles économiques, sociales et politiques permettant de structurer l'ensemble. De cette confrontation, qui est à la fois intellectuelle, institutionnelle et politique, émergent généralement un ou plusieurs récits dominants sur lesquels s'appuient les régimes inégalitaires en place[2].

C'est donc dans l'acceptation de l'inégalité de l'allocation des ressources que se trouve le cœur de l'idéologie. La structure des marchés financiers favorise la minorité des riches et défavorise la majorité des pauvres. Cela pose la question même de la démocratie. Comment, dans des sociétés où la majorité de la population souffre d'inégalités, des écarts se sont encore accrus au cours de la crise pandémique ?

Une démocratie où la majorité des électeurs souffre de l'inégalité est un échec. Même le principe d'« une action-un vote » est bafoué par les actions à vote multiple, de Facebook aux États-Unis à Alibaba en Chine en passant par la loi Florange en France.

Aujourd'hui encore, le capitalisme américain domine les marchés financiers à travers le monde, et singulièrement en Europe. À la différence des conceptions européennes, le capitalisme américain est fondamentalement un capitalisme « financier » et se mesure par les richesses et ignore la dimension sociale. Cela explique la présence exorbitante des marchés financiers dans le discours politique américain.

Le culte de l'actionnaire au cœur de l'idéologie américaine

Les investisseurs n'ont pas besoin de moi : il faut mettre fin au capitalisme d'actionnaire

Joe Biden (juillet 2020)[3]

Retour historique : l'invasion du capitalisme américain

LE PLAN MARSHALL

Au sortir de la guerre, l'Europe était financièrement exsangue. Sa dépendance des États-Unis qui venaient de libérer sa partie occidentale était totale. Ma génération continue de ressentir une immense reconnaissance, non seulement pour notre libération, mais aussi pour l'aide que les États-Unis ont apporté sous la forme du plan Marshall[4].

Contrairement à une perception répandue en Europe, le général Marshall, secrétaire d'État des États-Unis, n'entendait pas imposer des solutions américaines à l'Europe comme le montre son discours d'Harvard de juin 1947.

Il est déjà évident qu'avant même que le gouvernement des États-Unis puisse poursuivre plus loin ses efforts pour remédier à la situation et aider à remettre l'Europe sur le chemin de la guérison, un accord devait être réalisé par les pays de l'Europe sur leurs besoins actuels et ce que ces pays de l'Europe feront eux-mêmes pour rendre efficaces toutes les mesures que ce gouvernement pourrait prendre. Il ne serait ni bon ni utile que ce gouvernement entreprenne d'établir de son côté un programme destiné à remettre l'économie de l'Europe sur pied. C'est là l'affaire des Européens. L'initiative, à mon avis, doit venir de l'Europe. Le rôle de ce pays devrait consister à apporter une aide amicale à l'établissement d'un programme européen, et à aider ensuite à mettre en œuvre ce programme dans la mesure où il sera possible de le faire[5].

UNE SÉRIE DE BIG-BANGS

Mais l'idéologie fondamentale du capitalisme américain correspond à une forme de capitalisme incompatible avec les principes sociodémocrates du continent européen. Le capitalisme financier est l'une de ses dérives les plus extrêmes.

Dans le climat de guerre froide qui régnait, les banques russes, et singulièrement la Moscow Handlowy Bank, la seule autorisée à faire des opérations internationales, chercha des moyens de déposer des dollars en dehors des États-Unis. Le 28 février 1957, un transfert de 800 000 dollars effectué par cette banque à Londres sans intervention des États-Unis a mis en route un marché qui domine aujourd'hui la planète : le marché de l'eurodollar, devenu celui des eurodevises.

En matière d'obligations, il existait un marché en dollars à New York couramment appelé les *yankee bonds*, obligations la seconde fois émises sur le marché américain par des emprunteurs étrangers qui émettaient en dollars. L'*interest equalization tax*[6] qui taxait ces obligations fut établie en juillet 1963. Alors que les obligations en dollars en dehors des frontières américaines s'exécutaient à New York, cet impôt a rendu ces transactions trop chères pour les émetteurs non américains par un prélèvement à la source de l'impôt qui venait d'être créé.

Rapidement, c'est hors des États-Unis que s'est développé un marché des euro-obligations, qui a vu déferler sur la place de Londres les grands acteurs américains qui, directement ou à travers des acquisitions, allaient rapidement dominer la City.

Dans la foulée, pour des raisons politiques et parfois financières, plusieurs pays ont « ouvert » leur marché des capitaux par des réformes appelées « big-bangs ». C'est ainsi que Londres a vu, l'une après l'autre, ses *merchant banks* ou banques d'affaires se faire racheter, absorber et transformer au sein de grandes institutions principalement américaines. La réforme de Margaret Thatcher en 1986 allait mettre fin au caractère uniquement britannique de la Bourse de Londres. Désormais, ce sont les règles de Wall Street qui dominent la City.

Qu'en sera-t-il post-Brexit ? La City voudrait être en mesure de proposer des arbitrages réglementaires, mais elle ne peut y arriver en bafouant les réglementations de l'Union européenne, sauf à perdre le privilège d'une équivalence avec celle-ci.

Cette transformation de la structure des marchés internationaux des actions a mis leur contrôle entre les mains de grandes entreprises américaines qui ont importé le culte de l'actionnaire et la rémunération « boursière » des dirigeants.

L'ARRIVÉE EN MASSE DES ACTEURS AMÉRICAINS SUR LA PLACE DE LONDRES

Lorsque le marché des États-Unis a cessé d'être internationalement concurrentiel, les grandes banques américaines ont développé à travers le monde leurs activités de marchés de capitaux. Elles ont commencé par s'exporter à Londres, mais sont désormais omniprésentes.

Lors d'un stage de six mois à la Midland Bank en 1972, je découvre la City de Londres avec toute sa singularité. Des merchant banks *pullulaient et les enseignes étaient plus artistiques les unes que les autres. Dix ans après, c'est pour Morgan Stanley que nous avons déménagé à Londres. Nous étions des pionniers, mais le professionnalisme et la puissance des firmes américaines allaient rapidement transformer la City en une place internationale. Les méthodes d'émission d'obligations allaient rapidement se calquer sur celles du marché américain. Ce fut une prise de contrôle irrésistible que seules les toutes grandes banques européennes comme la Deutsche Bank, BNP ou UBS pouvaient concurrencer.*

Il est difficile d'imaginer une évolution « naturelle » de l'idéologie des marchés sans comprendre à quel point le monde anglo-saxon domine la finance internationale. La capitalisation boursière des entreprises cotées aux États-Unis (en ajoutant NYSE et Nasdaq) atteint 36,76 billions de dollars. Vient ensuite le Japon avec 5,1 billions. Et l'ensemble des bourses européennes atteignent près de 15 billions de dollars.

Graphique 7. Les Bourses mondiales les plus importantes, juin 2021[7]

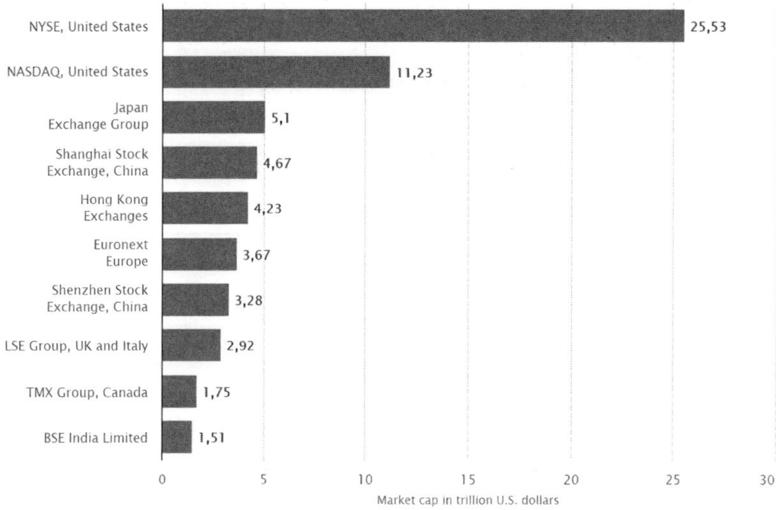

Le statut actuel des actionnaires

SANS ACTIONNAIRES, IL N'Y AURAIT PAS D'ENTREPRISES

À un stade ou à un autre du développement de l'entreprise, ses actionnaires lui ont permis de se développer et de croître. Cela leur donne des droits qu'un certain populisme voudrait leur retirer, notamment en voulant effacer la dette. Ils ont droit à leur part des actifs de la société, des dividendes distribués si l'entreprise est bénéficiaire, et à un vote par action aux assemblées générales. C'est un principe de base du droit de propriété.

Mais s'il leur en revient une part, la performance d'une société n'est pas le fruit de leur seule contribution en capital. Pour réussir à croître et embellir, il faut bénéficier du travail des dirigeants, employés et ouvriers qui y œuvrent, de l'environnement dans lequel l'entreprise opère, de la communauté dans laquelle elle se développe et de toute sorte de biens et services mis à sa disposition.

En un mot, si l'entreprise n'existe que pour le bien exclusif de ses actionnaires, comme le disait Milton Friedman, et non celui d'un ensemble plus large, elle trahit sa citoyenneté. D'autres dimensions que celle du capital entrent en compte dans sa réussite.

Le dogme de la shareholder value *s'oppose à la finalité sociale.*

Ce rappel historique explique comment, en quelques étapes, le modèle anglo-saxon appelé « néolibéral » en France a remplacé le « capitalisme rhénan » dans lequel les entreprises ont des obligations vis-à-vis de la société et de l'État, créant une forme de civisme économique[8].

Les parties prenantes (*stakeholders*) ne se limitent pas aux seuls actionnaires, et si ces derniers méritent leur part des résultats, le dogme de la « valeur pour les actionnaires » (*shareholder value*) a envahi les marchés financiers alors qu'il ne correspond pas à leur projet sociétal ou à leurs valeurs.

L'entreprise « appartient » à ses actionnaires au sens du droit civil de propriété et du droit commercial. Mais le droit de propriété n'est pas absolu. Au-delà de celui-ci, l'entreprise est un corps social qui peut fonctionner uniquement si les différents éléments qui la composent et qu'elle influence vivent en harmonie. Sans la contribution et la motivation de ses travailleurs, de ses sous-traitants, de la société dans laquelle elle se déploie, dans un métier qui a lui-même ses réglementations et sa déontologie, l'entreprise ne peut limiter sa raison d'être à la création de valeur pour les actionnaires.

Pour la première fois, en août 2019, dans des conditions assez étonnantes, la Business Roundtable, qui rassemble des dirigeants d'entreprises, a ouvert la porte avec une déclaration qui a fait du bruit. Elle redéfinit la raison d'être (*purpose*) de l'entreprise, et l'élargit.

La Business Roundtable a annoncé aujourd'hui la publication d'une nouvelle déclaration sur l'objectif d'une société signée par 181 PDG qui s'engagent à diriger leur entreprise au profit de toutes les parties prenantes – clients, employés, fournisseurs, communautés et actionnaires. Avec l'annonce d'aujourd'hui, la nouvelle déclaration remplace les déclarations précédentes et définit une norme moderne de responsabilité d'entreprise. Les grands employeurs investissent dans leurs travailleurs et leurs communautés parce qu'ils savent que c'est la seule façon de réussir à long terme. Ces principes modernisés reflètent l'engagement inébranlable de la communauté des affaires à continuer de promouvoir une économie qui sert tous les Américains[9].

L'ampleur du pouvoir économique, social et financier des entreprises a finalement amené celles-ci à revoir leurs principes de fonctionnement et à élargir la définition de leur valeur.

L'enrichissement des actionnaires va-t-il au-delà de ce qu'ils méritent ?

La question ne peut être éludée.

L'enrichissement des actionnaires correspond-il à l'amélioration des performances des entreprises ? D'autres facteurs expliquent-ils que l'indice américain du Standard & Poor's 500 quadruple alors que la croissance des profits des entreprises stagne depuis la crise financière de 2008 ? Le graphique ci-dessous est une démonstration de cette déconnexion.

Graphique 8. Indice trimestriel de la valeur des actions et des résultats des entreprises du S&P 500[10]

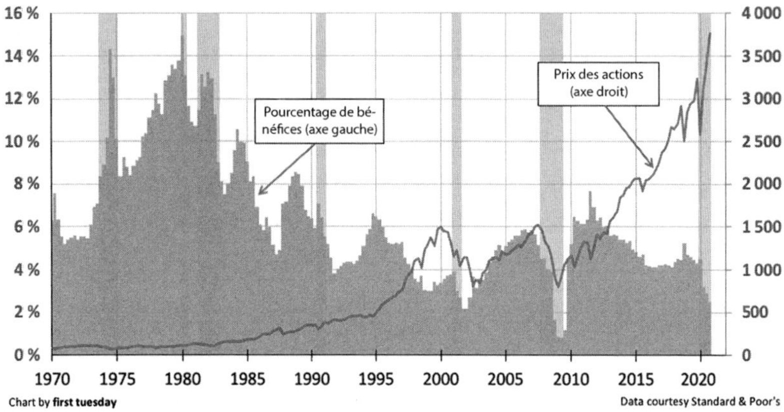

Cela pose une question fondamentale sur les mécanismes qui ont permis ce quadruplement. La baisse des taux d'intérêt a rendu les obligations moins attrayantes tandis que les entreprises ont continué à augmenter leurs dividendes. La liquidité des marchés a conduit les investisseurs à se diriger vers les actions. Le développement exponentiel du cours des entreprises de technologie a fait le reste.

Mais la question démocratique nous interpelle. Ces amas de liquidités et la baisse des taux d'intérêt ont un acteur redoutable : les banques centrales. Dotées de nouvelles missions imposées par les gouvernements, elles ont injecté un tel niveau de liquidités que l'inflation des actifs a vidé de son sens jusqu'à la notion même de valeur.

Grâce à ces mécanismes, les entreprises ont favorisé les actionnaires à l'extrême, déviant l'argent public en faveur des plus riches.

LA RÉMUNÉRATION DES DIRIGEANTS ATTACHÉE AU COURS DE BOURSE

Pour boucler la boucle, il suffisait de corréler l'enrichissement des dirigeants avec l'évolution du cours de Bourse. Ce système américain avait permis de créer des fortunes, mais il avait aussi provoqué des crises massives comme celles de 1929 ou de 2008. Personne n'ose remettre ce système en question, et pourtant il n'est justifié ni en droit ni en morale.

Il y a quelque chose de paradoxal dans l'utilisation tous azimuts des *Key Performance Indicators* (KPI) qui connectent les bonus aux performances alors que l'enrichissement se fait à travers des mécanismes qui multiplient la richesse en Bourse : le beurre et l'argent du beurre ?

Faire dépendre la rémunération d'un dirigeant de la performance de l'action de sa société le fait bénéficier, au-delà des performances de son entreprise, des facteurs propres à l'offre et la demande boursières. Comme nous l'avons vu, la croissance des bénéfices n'était pas au rendez-vous du quadruplement de l'indice boursier. Ce que nous avons vu se développer est un enrichissement exogène à la performance des entreprises, et en cas de baisse du marché, des formes de rémunération qui limitaient leurs risques. Les cinq *Chief Executive Officers* les mieux payés ont obtenu collectivement un demi-milliard de dollars en 2019. Ce n'est que le prix du yacht que le patron d'Amazon, Jeff Bezos, vient d'acquérir. Les cinq Européens ont obtenu « seulement » 450 millions. Nous sommes dans l'indécence.

SI NOUS PARLIONS DES STOCK-OPTIONS ?

Le principal outil de cette structure est constitué des « stock-options » qui sont allouées sur base du cours au moment de l'allocation et permettent d'acheter les actions à ce prix, pour être revendues plus cher.

Qui plus est, lorsque les cours de Bourse n'évoluaient pas dans le sens de l'enrichissement des dirigeants, des mesures correctrices étaient prises. « Pile je gagne, face tu perds ! » L'exemple du milliardaire Steve Jobs qui fraude son entreprise mérite le détour.

Steve Jobs, le charismatique patron d'Apple, avait présenté ses excuses aux actionnaires après qu'une enquête interne a mis en lumière les pratiques frauduleuses de stock-options antidatées conduites par l'entreprise. Des pratiques dont Steve Jobs avait connaissance. L'enquête interne, d'une durée de trois mois, établissait qu'Apple avait antidaté des stock-options à plusieurs reprises entre 1997 et 2002, et mis en cause deux anciens dirigeants du groupe dont les identités n'avaient pas été communiquées. Les premiers éléments de l'investigation conduisaient déjà à la démission du directeur financier, Fred Anderson, du conseil d'administration. Toujours selon l'enquête interne, Steve Jobs avait connaissance du traitement particulier appliqué à certaines stock-options mais le PDG n'en aurait tiré aucun bénéfice et « n'avait pas conscience des implications comptables ». Apple avait été conduit à republier ses comptes pour les périodes considérées et avait mis en place des garde-fous pour « s'assurer que cela ne se reproduise jamais »[11].

Apple n'est que l'une des nombreuses entreprises auxquelles sont reprochées ces pratiques frauduleuses de stock-options antidatées. C'est son directeur financier qui a été condamné... La fortune personnelle de Steve Jobs était estimée à 10 milliards de dollars.

LA COURSE AU *RETURN*

L'actionnaire se rémunère de son investissement selon un calcul de son *return* qui est une combinaison du rendement du dividende et de l'appréciation de la valeur de l'action.

Comme nous l'avons vu, cette appréciation n'est pas due seulement à une hausse de la profitabilité des entreprises, mais à des facteurs extérieurs à l'entreprise. Les dividendes ont été en croissance constante face à des baisses de rentabilité et les conseils d'administration ont préféré la hausse constante des dividendes. Avec la baisse des taux d'intérêt, la recherche des rendements a amené une vague d'investissements en actions, nourris par les dividendes. Au cours des cinq dernières années, l'investisseur dans l'indice du marché américain (Standard & Poor's 500) a obtenu un *return* de 102 %[12].

ET SI ON PARLAIT DU DIVIDENDE ?

Il est normal que les dividendes versés aux actionnaires soient supérieurs aux taux d'intérêt des obligations. Les actionnaires prennent le risque de la performance de l'entreprise, les obligataires celui de sa faillite. Toutefois, quand les banques centrales diminuent les taux d'intérêt, les entreprises sont capables d'augmenter les dividendes grâce aux profits provenant de la diminution de leurs coûts de financement, ce qui augmente la valorisation des actions.

Comme les banques centrales ont été à l'origine d'une baisse massive des rendements sur les obligations, parfois à travers des taux d'intérêt négatifs, la recherche de rendement a amené des investisseurs vers les actions en raison du dividende et sans *animus societatis*. C'est en actions que la plus grande part des injections de 2020 ont été investies. Pas en investissements.

Mais derrière la politique de dividende d'une entreprise apparaît une idéologie qui favorise constamment l'actionnaire : il faut que le dividende croisse. Le rendement des actions se situe à des niveaux variables selon les pays et les secteurs. Il s'exprime en pourcentage, non pas des fonds propres, mais du cours de Bourse. Plus le cours monte, plus le dividende augmente et *vice versa*.

La boucle est bouclée et c'est aux banques centrales que les entreprises doivent des dividendes en hausse constante : les entreprises du S&P 500 verront leurs profits baisser d'environ 20 %, mais pas les dividendes qui ne baisseront que de 1 %. Depuis la crise financière de 2008, les dividendes ont presque triplé.

Graphique 9. Les dividendes des actions de l'indice S&P 500 ne diminuent que marginalement en 2020[13]

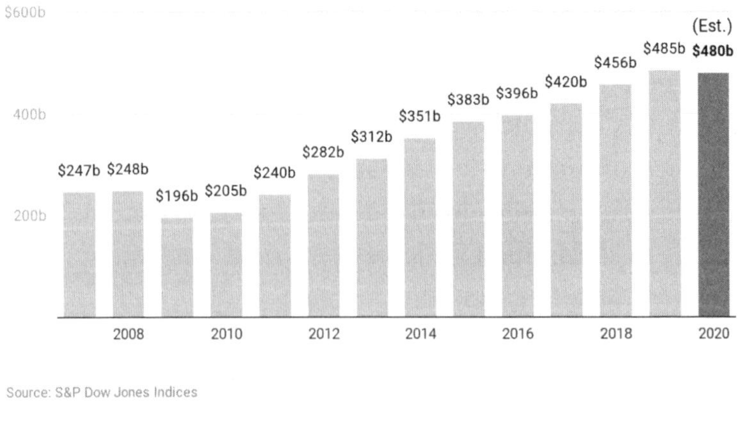

Le graphique ci-dessus montre que les dividendes aux États-Unis ont crû en vingt ans de 6 % en taux composé. Ils ont aussi été presque constants malgré toutes les crises financières de ces quinze dernières années.

L'entreprise a tendance à augmenter ou maintenir le montant de son dividende chaque année même si les résultats sont en baisse. On pourrait douter que cette politique reflète les fluctuations des performances de l'entreprise.

Ne pas payer de dividende est considéré comme un mauvais signal. C'est un parfait exemple de la loi d'airain des marchés qui dévoie ce qu'est le dividende : l'une des rémunérations et un signal positif pour les bonnes entreprises qui ont suffisamment de trésorerie pour financer des opportunités d'investissement et rémunérer la fidélité de leurs actionnaires. Une entreprise se vantera d'avoir toujours versé son dividende au cours des cent dernières années : les guerres, les catastrophes naturelles ou les virus n'ont pas réussi à ébranler ce qui est devenu une obligation.

L'ensemble de ces considérations pose la question de savoir quelle est la hiérarchie des paiements des entreprises. Durant la crise du coronavirus, j'ai suggéré que les dividendes soient payés en actions, ce qui protège la situation financière de l'entreprise, soulageant sa trésorerie.

Mais un mouvement plus radical a réclamé l'abandon des dividendes pendant l'année 2020.

Les dividendes 2019 des grandes sociétés cotées pourraient passer à la trappe ou être mis en quarantaine. Il s'agit pour les entreprises de préserver leur trésorerie. Dommage, car ils devaient atteindre presque 55 milliards d'euros, leur montant le plus élevé de l'histoire[14].

Parmi les contradictions des marchés financiers, une politique de dividende en croissance régulière est une contradiction *in terminis*. Ce principe doit être remis en question, et cette tendance régulière à la hausse dans des entreprises, y compris des banques, qui continuent à augmenter la rémunération de leurs actionnaires est une des formes que prend le capitalisme financier au désavantage de l'emploi.

La comparaison avec l'Europe est étonnante : le dividende moyen est de 3,52 % depuis la crise financière, soit à peu près le double des États-Unis. Mais ce qui est plus sérieux, c'est la déconnexion entre les États-Unis et l'Europe. Le graphique ci-dessous remonte à 2016 mais il montre bien la tendance : alors que le pourcentage des bénéfices distribué aux actionnaires américains est de l'ordre de 40 %, l'Europe atteint 55 %. Contrairement aux affirmations diverses et variées, l'Europe est plus généreuse que les États-Unis pour rémunérer ses actionnaires.

En clair, les entreprises européennes investissent une part inférieure de leurs bénéfices dans des investissements que les entreprises américaines. Dans un monde où les intérêts étaient négatifs, cette politique européenne doit absolument être remise en question. Elle favorise à outrance les actionnaires.

Il est logique que les cours des actions américaines aient augmenté plus rapidement que ceux de leurs consœurs européennes dans la mesure où le dividende a appauvri ces dernières. Le dividende diminue en effet les fonds propres des entreprises, puisqu'il s'agit d'une distribution des profits.

Le court et le long terme : l'activisme actionnarial

Il est difficile de mesurer la proportion des investisseurs qui cherchent à valoriser leurs actifs financiers à long terme. Certes, les fonds de pension et les compagnies d'assurances ont un horizon d'investissement à long terme. Ce ne sont cependant pas les investisseurs les plus actifs sur le marché des capitaux.

Les *hedge funds* ont un horizon de temps qui consiste à maximiser le *return* à court terme (l'alpha). Leur transparence et leur réglementation sont légères et aux États-Unis, ils sont réservés aux investisseurs qualifiés.

L'ACTIVISME PEUT ÊTRE UTILE À CERTAINES CONDITIONS

Une des manières de dégager des profits à court terme est l'activisme.

En soi, il n'y a rien de répréhensible à utiliser divers moyens pour influer la politique d'une entreprise. Encore faut-il que ces moyens soient légitimes, ce qui n'est pas toujours le cas. Lorsqu'ils achètent des actions d'une entreprise pour faire pression sur sa stratégie et sa gestion, ils ont les moyens de s'adresser à la direction des entreprises pour leur faire part de leur grief. Cela ne leur donne pas un droit de préférence en matière d'information. S'ils sont honnêtement désireux de faire connaître leur avis et objections, c'est la bonne adresse.

Il est troublant de voir que le premier obstacle de ce dialogue se trouve dans les entreprises. Pourtant la meilleure manière de gérer cette démarche est de s'informer sur les activistes, leurs antécédents et leur attitude. Il devrait y avoir une place pour une première conversation de bonne foi. La refuser est, souvent, un aveu de faiblesse des dirigeants. Dans le meilleur des cas, les activistes sont le seul recours contre la collusion entre les dirigeants et le conseil d'administration au détriment des actionnaires.

Force est de reconnaître que c'est cependant l'exception. Par absence de dialogue ou parce que la conversation a tourné court, les activistes ont plusieurs flèches à leur arc. Certains se sont spécialisés dans le chantage : ils vont tenter d'obtenir un bénéfice qu'ils ont parfois soigneusement préparé en accumulant des positions à découvert.

L'activisme actionnarial n'est définitivement plus un phénomène purement anglo-saxon. À la recherche de nouveaux investissements, les fonds activistes ont traversé l'Atlantique pour s'implanter en Europe, emportant avec eux leurs pratiques[15]. L'Autorité des marchés financiers (AMF) s'est attaquée à ce problème qui a connu des développements autour des affaires Casino et Lagardère.

Parmi les mesures proposées par l'Autorité des marchés financiers (AMF) pour contrer les excès des actionnaires activistes figurent l'abaissement du seuil légal imposant une déclaration de prise de participation et le droit pour les sociétés de répondre à des déclarations publiques en « période de silence ». L'engagement actif des actionnaires dans la vie des sociétés cotées est une condition de leur bon fonctionnement et d'une saine gouvernance. À cet égard, l'AMF considère qu'il doit être encouragé. Cependant, les abus de certains actionnaires « activistes » observés récemment peuvent avoir des effets néfastes, tant pour la société, qui doit savoir y répondre que pour le bon fonctionnement du marché : déficit de transparence sur les positions des actionnaires concernés, sur leurs intentions ou leurs conflits d'intérêts, déstabilisation des entreprises à des moments importants de la vie sociale, etc.[16].

Les conseils d'administration ne jouent souvent pas leur rôle et refusent toute interaction avec les activistes alors que, souvent, leur obligation fiduciaire devrait leur imposer d'instruire le dossier et de voir si les revendications des activistes ont ou non un mérite. L'activisme est parfois un signal d'alarme qui mérite d'être écouté.

ACTIVISME ET ABUS DE DROIT

Les grandes batailles entre activistes et grandes entreprises ne donnent pas une image positive de la gouvernance des entreprises et de la moralité des activistes.

Dans la plupart des cas, c'est par des déclarations agressives dans les médias que la direction d'une entreprise est interpellée. Ce sont des cas où l'activiste sait qu'il ne pourra pas faire valoir son point de vue par les voies de la démocratie d'entreprise notamment en assemblée générale. Qui plus est, les autorités des marchés sont prises en tenailles entre les soutiens obtenus par les entreprises au plus haut sommet de l'État et leur rôle de gardien de l'égalité des actionnaires.

Les ingrédients d'une attaque activiste classique sont rassemblés : on veut faire monter le cours de l'action pour favoriser l'actionnaire, on utilise les médias avant même d'avoir entamé un dialogue avec l'entreprise et il est au-dessus de sa dignité d'arriver à ses fins à travers l'organe qui peut décider. Souvent, il ne dispose pas de droits de vote suffisants pour influencer l'assemblée générale.

Ce sont encore des activistes « doux ». Il y a les chacals, qui tirent avantage d'une situation de faiblesse et vont directement aller devant les tribunaux. Ils sont connus, repérés et n'hésiteront pas à mettre les bâtons dans les roues des restructurations de la dette grecque ou argentine, au risque de provoquer une crise dans ces pays.

Il est essentiel de pouvoir séparer le grain de l'ivraie.

Les actionnaires sont-ils une menace pour l'emploi ?

Lorsqu'une entreprise annonce une réduction de son personnel, son cours de Bourse monte. C'est l'actionnaire qui bénéficie le premier des licenciements.

Nombreux sont ceux et celles que cela choque. L'explication, pour évidente qu'elle soit, est cependant simple. Si l'entreprise diminue son personnel, ses coûts vont baisser et ses bénéfices vont augmenter. Face à la perspective d'un profit supérieur, le cours de Bourse augmente. C'est à la fois logique et automatique. Mais le choix implicite qui est fait en faveur de l'actionnaire et en défaveur de l'emploi ouvre une boîte de Pandore où s'affrontent le capital et le travail.

Amazon accélère sa croissance en vue de développer des magasins sans caisses. Le numéro un du commerce en ligne vient d'annoncer un « chariot express » qui consiste à utiliser une combinaison de capteurs et de caméras pour scanner les articles, sans avoir à passer par la caisse. Avec ses enseignes Amazon Go et sa solution « Just Walk Out », Amazon se positionne comme un acteur majeur du paiement sans contact. Une tendance favorisée par la crise sanitaire et qui pourrait prochainement se matérialiser en Europe[17].

Ne nous y trompons pas, cette question est au cœur même du débat de ce livre : l'emploi coûte cher aux entreprises, et les êtres humains pourraient peut-être être remplacés par des robots. N'est-ce pas à une réduction de l'emploi qu'elles s'emploient toutes ? Aux frais du contribuable qui devra y aller de son impôt pour payer les indemnités de chômage…

Une question continue à me tarabuster : pourquoi les dirigeants des entreprises hésitent plus à diminuer le dividende qu'à diminuer l'emploi ? Deux poids deux mesures ? On comprend que le public soit choqué par cette nouvelle forme d'inégalité.

Capital et travail

Contrairement à ce que l'on voudrait nous faire croire, le débat n'est pas seulement entre la technologie et l'emploi, mais entre le capital et le travail : en bref, entre actionnaires et travailleurs. C'est l'errance la plus dramatique du capitalisme américain, rendue possible par le fait que le marché du travail est fluide et les forces de travail mobiles.

Ce n'est pas le cas en Europe. C'est la raison pour laquelle la croissance des bénéfices des entreprises européennes ne peut pas concurrencer celle des sociétés américaines : l'Europe n'est pas prête à sacrifier l'emploi sur l'hôtel de la *shareholder value*.

Le conflit entre la course au rendement financier et la dimension sociale de l'entreprise est une question d'équilibre.

L'emploi est-il effectivement devenu l'ennemi des actionnaires alors que ces derniers ne peuvent bénéficier des profits que grâce à la contribution du personnel ? Où est la démocratie dans ce modèle ? Le chômage est en effet payé par le contribuable. Les États sont contraints de s'endetter pour financer les indemnités de chômage. On revient toujours au contribuable.

Les entreprises ont les moyens, comme nous l'avons vu lors du confinement lié au coronavirus, de se séparer plus ou moins provisoirement de leurs employés et de leurs ouvriers, le tout aux frais de l'État et donc de la société. Elles ont aussi les moyens de polluer avec un risque minime de sanctions, la dépollution se faisant aux frais de la société.

Elles peuvent « lobbyer » les politiciens pour éviter des mesures sociétales qui ne leur sont pas favorables. C'est ainsi que les marchés et la course aux profits se combinent pour ignorer les responsabilités sociétales de grandes entreprises.

Aucune subvention ne devrait être accordée aux entreprises dont la survie n'est pas menacée. Subventionner les entreprises pétrolières pour qu'elles fassent les investissements nécessaires pour les nouvelles technologies est un vol pur et simple du contribuable au profit de l'actionnaire.

Le paradoxe est que c'est le chat qui mord sa queue. L'augmentation du chômage diminue la consommation qui diminue la croissance. Il faut le capital et le travail, et une répartition équitable des richesses face à leur contribution respective. Cette recherche de la diminution de l'emploi par la technologie est suicidaire.

Les marchés financiers influencent les politiques

Oui, les marchés financiers ont, pour promouvoir leur idéologie, besoin d'un soutien politique.

Celle-ci est d'autant plus difficile à cerner qu'elle s'inscrit dans un ensemble de décisions qui, soit directement, soit indirectement, affectent la redistribution de la richesse. Inévitablement, les plus puissants ont les moyens d'influencer ces décisions en leur faveur. Pourquoi le contrôle démocratique des grandes décisions financières et budgétaires est-il si favorable aux grandes entreprises cotées en Bourse ?

Pourquoi les principaux contributeurs à l'emploi et au budget de l'État sont les petites et moyennes entreprises dont on se gargarise en disant qu'elles sont le « fer de la croissance », mais que le système écrase ?

Retour sur finance et politique

LA FINANCE N'ENTRE PAS DANS LE DÉBAT POLITIQUE

Est-ce par manque de connaissance ou d'expérience ? Est-ce le fruit d'une vision électorale à court terme ? Comment les citoyens ne comprennent-ils pas que le système législatif et les gouvernements prennent des décisions qui ultimement pèsent sur leurs épaules ? Comment se fait-il que ni les partis ni les syndicats ne semblent attacher la moindre importance systémique à ces décisions qui sont souvent considérées comme « techniques » alors qu'elles sont éminemment politiques ?

L'endettement explosif des entreprises et des gouvernements, la politique de taux d'intérêt, et les perspectives budgétaires sont, dans tous les pays, soigneusement évacués du débat électoral. On ne peut pas en vouloir aux candidats. La plupart ne seraient pas capables d'articuler un programme sur ce sujet. Comment pourrions-nous améliorer la formation de nos députés et sénateurs pour les aider à comprendre les implications des décisions des gouvernements ou des entreprises ?

Même dans la campagne de Joe Biden, l'impact sur les finances publiques des dépenses extraordinaires n'a pas fait l'objet d'un débat sur le financement de ces dépenses. Il faut dire que ses conseillers défendaient la théorie qui nie les risques de l'endettement.

De quelle marge de manœuvre les gouvernements disposent-ils dans un monde où les entreprises ne contribuent pas au budget et où les plus fortunés disposent de moyens sophistiqués pour éviter l'impôt ? Aux États-Unis, 25 % du budget peuvent être alloués, les 75 % restants sont effectivement gelés par des engagements à long terme. Le montant est de 1,338 milliard, dont la moitié a été utilisée par Donald Trump pour des dépenses de défense contre 5 % pour la santé.

Il est essentiel de trouver des moyens de forcer cette discussion qui a autant d'impact que le chômage, les retraites, l'immigration et les soins de santé. Chacun de ces sujets centraux du débat politique est lourdement influencé par des considérations financières. Ils touchent directement les sujets du budget de l'État et des régions, le mode de financement, l'impact direct sur l'emploi.

Schéma 3. Les dépenses de défense représentent la moitié des dépenses discrétionnaires des États-Unis[18]

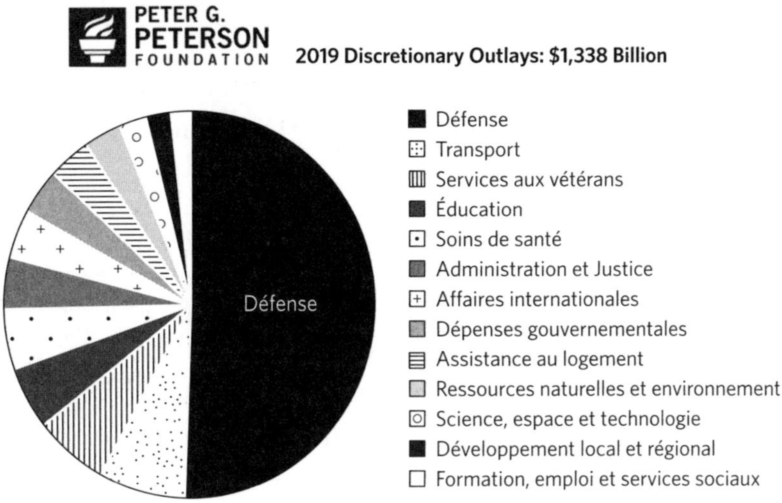

SOURCE : Office of Management and Budget, *Historical Tables, Budget of the United States Government: Fiscal Year 2021*, February 2020.

LE FINANCEMENT DES ÉLECTIONS

Depuis plusieurs années, nous assistons à une tendance inquiétante dans de nombreux pays : la remise en cause des élections. Trois mois après l'élection présidentielle française, les Gilets jaunes s'octroyaient le droit de demander « Macron dehors ! » au défi de la démocratie. Derrière cette évolution, une question continue à nourrir tous les populismes, qu'ils soient de gauche ou de droite.

Le coût astronomique des élections est une barrière à l'entrée qui ne permet pas à un candidat de se présenter à moins qu'il soit riche, capable de lever des fonds considérables ou financé par un parti politique. Cela crée un avantage financier pour les candidats sortants.

Certes, certains pays dont la France ont plafonné ces contributions, mais la démocratie des dernières décennies ne dépensait pas 10 % des montants actuels et s'en portait mieux.

La richesse s'est introduite dans le suffrage universel, le transformant indirectement en suffrage censitaire, qui attribue les votes en fonction de la richesse.

LES INSTITUTIONS DÉMOCRATIQUES FINANCÉES PAR LES GROUPES D'INTÉRÊTS

Une fois en place, les élues et les élus sont débiteurs des groupes d'intérêt qui les financent. Les institutions démocratiques sont perçues comme dominées par l'argent. Lors du démarrage des primaires aux États-Unis en 2019, la question posée n'était pas « quel est le meilleur futur président ? », mais « qui, parmi les vingt-quatre candidats, pourra lever assez de fonds ? ».

Le financement des partis politiques et des candidats avantage ceux qui ont un programme favorable aux entreprises et aux personnes fortunées. C'est vrai partout : l'accumulation de richesse permet de soudoyer, voire d'acheter les votes.

La situation aux États-Unis est évidemment beaucoup plus grave, tant au niveau des montants que du mode de financement. Le cas de la National Rifle Association est un exemple entre cent d'un lobby qui refuse la réglementation du port d'armes et dont les principaux bénéficiaires ont reçu plus de 3 millions de dollars. Certains seront surpris que le champion toutes catégories fut John McCain[19].

QU'EN EST-IL EN EUROPE ?

Le coût des élections en Europe apparaît nettement moins élevé. La raison en est qu'elles sont surtout nationales. Le plafonnement des contributions est souvent et facilement détourné. La France a donné le spectacle de plusieurs élections où des personnalités éminentes ont contourné la loi. Quelle sera la sanction ?

Malheureusement, il n'existe pas de transparence des contributions des entreprises aux campagnes des divers candidats en Europe. Si l'on agrégeait les coûts des nombreuses élections en Europe, les chiffres se rapprocheraient des États-Unis.

Marchés financiers et politique internationale

La mondialisation des marchés internationaux de capitaux est un phénomène relativement récent. Elle remonte principalement aux privatisations de grands groupes internationaux qui ont dû ou voulu faire appel à l'épargne internationale.

Aujourd'hui, les principales actions sont cotées sur plusieurs places boursières. Mais la concurrence internationale est intense. Ces dernières années nous avons vu une intensification de l'utilisation des marchés financiers dans le conflit entre les États-Unis et la Chine.

LA LUTTE CONTRE LA CORRUPTION INTERNATIONALE

Les États-Unis ont réussi à dominer cet espace en raison de l'importance des capitaux américains susceptibles d'être investis dans ces entreprises à travers le monde. En 2010, le gouvernement américain a imposé à la SEC de jouer un rôle dans la mise en place du *Foreign Corrupt Practices Act*.

L'application de la loi sur les pratiques de corruption à l'étranger (FCPA) continue d'être un domaine hautement prioritaire pour la SEC. En 2010, la Division de la mise en application de la SEC a créé une unité spécialisée pour renforcer davantage son application de la FCPA, qui interdit aux sociétés émettant des actions aux États-Unis de soudoyer des fonctionnaires étrangers pour des contrats gouvernementaux et d'autres affaires[20].

Cet exemple entre mille de l'imposition de la Lex Americana sur les marchés financiers internationaux permet de mesurer la distorsion des responsabilités du régulateur des marchés de capitaux qui doit maintenant assurer la police de contrats internationaux ayant donné peut-être lieu à des formes de corruption active ou passive.

Loin de moi l'idée qu'il ne faudrait pas louer les efforts faits pour réduire la corruption des affaires qui s'étale tous les jours à travers le monde. Utiliser la présence d'entreprises non américaines sur une Bourse des États-Unis pour donner au régulateur cette juridiction fait partie de l'abus de droit.

Pourquoi n'existe-t-il pas une réglementation équivalente en Europe ? Parce que les États membres veulent maintenir la capacité de corrompre au niveau national ?

LE DÉFI DES PAYS ÉMERGENTS

Faut-il rappeler que 85 % de la population mondiale (6 milliards d'individus) vivent dans un pays émergent ? L'OCDE nous apprend que 25 % des actions internationales sont détenues par des investisseurs des pays émergents. 15 % sont chinois.

Cela ne veut pas dire que les pays émergents ne disposent pas de leurs propres marchés des capitaux. Les marchés financiers de ces pays ont atteint des niveaux qui ont soutenu une croissance largement supérieure à celle des pays industrialisés. Ils sont cependant sous-développés en raison de l'absence d'une solide base nationale d'investisseurs. Ils sont aussi dépendants des flux de capitaux en provenance d'investisseurs d'autres pays dont certains sont à long terme, mais qui agissent parfois de manière spéculative, créent des secousses qui amplifient les difficultés locales.

On voit mal comment dans ces pays les régulateurs pourraient imposer à des entreprises d'État cotées en Bourse une transparence de leurs activités et de leurs comptes financiers.

L'immaturité des marchés financiers émergents est le résultat d'un sous-développement d'une base d'investisseurs institutionnels ou individuels. Leurs élites investissent le plus souvent à l'étranger. Contraints de se financer, ils vont rechercher de l'aide du côté des agences multilatérales (Banque mondiale, FMI...). Même cette aide est politisée. Au cœur de ce défi, il y a évidemment l'Afrique qui n'a pratiquement pas accès aux marchés financiers privés[21].

LE CAS CHINOIS OU L'ABUS DES PRÊTEURS

Après vingt ans d'interaction régulière avec les autorités, les investisseurs et les marchés financiers chinois, je pense être en mesure d'esquisser quelques aspects de l'approche de la Chine en matière de marchés de capitaux.

La première phase a été celle de la privatisation des entreprises d'État, qui constituent toujours la plus grosse partie des entreprises chinoises cotées en dehors de Chine. Cette phase se situe à un moment où les États-Unis et la Chine tentent de trouver un moyen de collaborer. La Chine a besoin du marché des capitaux américains pour lever des fonds et assurer la survie de ces entreprises publiques. C'est aussi le secteur où le contrôle de l'État est le plus sévère, sans oublier les « princes rouges », les *Princeling* qui dirigent la grande majorité de ces entreprises. Inutile de dire que les investisseurs étrangers dans ces sociétés d'État ont dû accepter la gouvernance étatique de la Chine.

La deuxième phase a été l'arrivée d'entreprises privées dont les actionnaires cherchaient désespérément à lever des fonds… aux États-Unis. Ce fut une période florissante, mais les Bourses américaines ont à ce moment-là accepté des entreprises qui ne rencontraient pas le minimum des standards de cotation. Il ne fallut que quelques années pour découvrir que les comptes de certaines de ces sociétés étaient frauduleux. Des intermédiaires chinois peu scrupuleux promettaient à ces sociétés de beaux jours et prenaient des commissions effarantes.

Dans la troisième phase, il a fallu remettre de l'ordre. Les réglementations américaines avaient changé et imposaient une forme de contrôle de la qualité du système comptable local. Les Chinois s'y sont opposés. C'est vers Hong Kong et Shanghai que les entreprises chinoises se tournaient maintenant.

Je suis à Pékin, au siège de l'Autorité de marché nationale : la « China Securities Regulatory Commission ». Mon interlocuteur est responsable du département international. La présidente de la Bourse de Shenzhen m'a introduit auprès de lui. Je lui fais part de la préoccupation des autorités américaines face à ces cotations qui utilisent un véhicule dans des paradis fiscaux. Il est important que les autorités chinoises, qui refusent l'interférence de la SEC, assurent un contrôle de ces sociétés. Le gouvernement chinois a décidé de ne pas s'en préoccuper sous prétexte qu'il s'agirait d'entreprises étrangères, alors qu'elles détiennent 100 % d'une société chinoise. La conversation permettra une ouverture. À la sortie, j'entends les pas d'un homme qui court pour me rejoindre : il me demande de ne rien publier sur nos entretiens… Tout est dit.

Dans la quatrième phase, Donald Trump, dans sa grande ignorance, va menacer les entreprises chinoises d'être décotées des Bourses américaines suite au changement législatif qui met Hong Kong sous tutelle chinoise[22]. Cette menace a été exécutée par le Congrès américain début décembre 2020.

Dans la cinquième phase, en 2021, ce sont les autorités chinoises qui mettent le holà à la cotation d'entreprises chinoises de technologie comme Ant et Didi de peur de voir leurs données utilisées par les États-Unis.

Le NYSE avait pourtant réussi une prouesse en obtenant la cotation de l'action Alibaba en juin 2014. En novembre 2019, l'action allait être cotée sur la Bourse de Hong Kong qui avait changé ses critères de cotation entre-temps. Comme toutes les actions de la Maison Blanche sous Donald Trump, la mesure se retourne contre le marché américain et diminue l'influence américaine sur la gouvernance des entreprises étrangères. Une fois de plus, le nationalisme réduit une activité lucrative des marchés financiers américains et son influence sur les entreprises chinoises.

Ce projet, déjà voté en mai à l'unanimité par le Sénat à majorité républicaine et à l'unanimité par la Chambre des représentants, contrôlée par les démocrates, a été signé par Donald Trump, lui donnant ainsi un outil supplémentaire dans son conflit contre la Chine avant son départ de la Maison Blanche. Le « Holding Foreign Companies Accountable Act » interdit aux entreprises étrangères d'être cotées sur les marchés boursiers américains si elles n'ont pas respecté les règles d'audit du US Public Accounting Oversight Board pendant trois années consécutives[23].

LA COOPÉRATION INTERNATIONALE DES RÉGULATEURS

L'Organisation internationale des commissions de valeurs (OICV), mieux connue sous son acronyme anglais IOSCO, est une organisation internationale créée en 1983 dont le secrétariat général est situé à Madrid. Elle regroupe les régulateurs des principales Bourses dans le monde et se réunit une fois par an. Son principal objectif est d'établir des standards internationaux permettant de renforcer l'efficacité et la transparence des marchés de valeurs mobilières, d'améliorer la protection des investisseurs et de favoriser la coopération entre les régulateurs afin de lutter contre le crime financier[24,25].

Ses moyens sont cependant limités : les États-Unis, tous partis confondus, refusent toute forme de sanction ou de contrôle de leurs activités intérieures. Alors que l'Organisation mondiale du commerce a des moyens d'action, ce n'est pas le cas pour les marchés de capitaux.

Il n'y a, au niveau mondial, que des coopérations sur des problèmes techniques : pour le reste, la concurrence réglementaire entre les places financières ne connaît aucune limite.

Le rôle des marchés financiers dans l'équité fiscale

L'équité fiscale est un élément essentiel pour la démocratie et la confiance dans les dirigeants des entreprises ou les gouvernements. Les entreprises ont réussi à transférer l'impôt vers la consommation par une taxation qui pénalise les moins riches, les plus pauvres. Elles ont utilisé la mondialisation pour forcer le monde politique à réduire la fiscalité directe qui pèse sur elles.

La victoire la plus retentissante de ceux qui ont sur ceux qui n'ont pas, de ceux qui savent sur ceux qui ignorent, et de la mondialisation sur les communautés, est l'impôt. Les mécanismes qui permettent cette iniquité sont complexes et subtils. Ils n'ont pas la simplicité des slogans contre les riches. Encore faut-il savoir comment l'impôt se distribue pour comprendre pourquoi les grandes entreprises ne paient pas d'impôts, pourquoi les riches peuvent déduire le coût de l'acquisition d'actifs qui gonflent à vue d'œil, comment l'évasion fiscale s'organise, et comment les revenus du crime échappent à l'impôt.

Jusqu'à quand ce déséquilibre tiendra-t-il ? Combien de temps les pays démocratiques survivront-ils à un abus de pouvoir qui se généralise dans le monde industrialisé ? Que deviendront les millions d'hommes et de femmes au bord du gouffre financier, particulièrement dans les pays émergents ? Faudra-t-il une révolution populaire pour remettre les pendules à l'heure ?

La Commission européenne a entamé au cours de ces dernières années un programme qui vise spécifiquement la taxation des financements et investissements[26]. Le 15 juillet 2020, elle a adopté un nouveau paquet fiscal en vue d'un soutien à la relance économique et à la croissance à long terme de l'Europe. Cette initiative s'appuie sur trois volets importants : lutter contre les abus fiscaux, aider les administrations fiscales à suivre le rythme d'une économie en constante évolution, et alléger les charges administratives pour les citoyens et les entreprises. Il garantit également une meilleure coopération avec les pays tiers[27].

Graphique 10. L'impôt des sociétés à travers le monde[28]

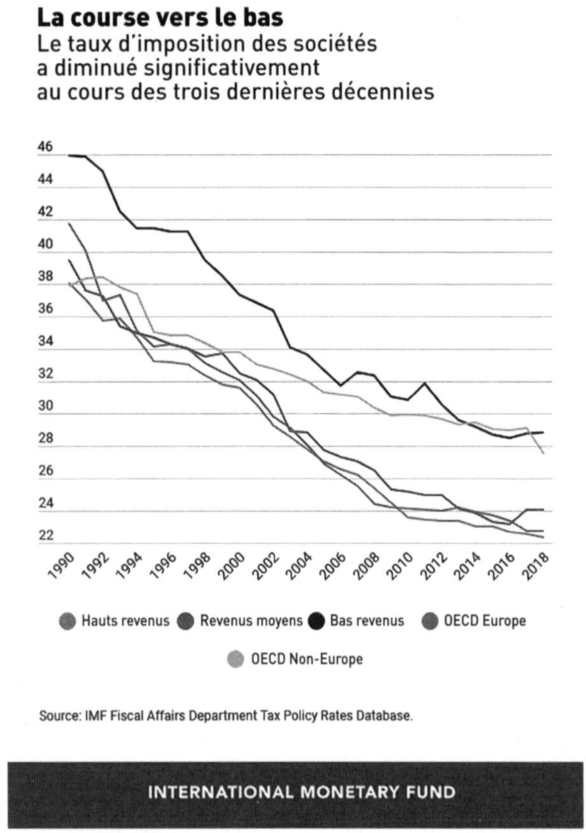

L'inégalité devant l'impôt

LES PARTICULIERS SONT LA VACHE À LAIT DE L'ÉTAT

La transformation de la fiscalité a probablement échappé à la grande majorité de nos concitoyens. Conçue après la guerre comme une fiscalité de redistribution des revenus entre les plus fortunés et les moins favorisés, elle a perdu cette fonction, pourtant essentielle à une économie solidaire, avec l'augmentation drastique de l'impôt inégalitaire sur la consommation et la diminution de l'impôt des entreprises.

La source la plus importante des recettes fiscales des États émane des impôts dits indirects, ou impôts sur la consommation. La TVA est le principal outil de cette taxation. 1 % d'augmentation de la TVA sur les cigarettes touche indifféremment un ménage ou un millionnaire. C'est également le cas de l'impôt sur les produits pétroliers qui touche les automobilistes à la pompe. La moitié des ressources vient donc des particuliers.

Ajoutons-y la perception à la source de l'impôt sur les revenus des salariés : inévitable mais au moins avec une gradation qui assure une certaine redistribution entre les revenus les plus élevés et les plus bas.

Ne nous y trompons pas, parmi les particuliers, tous ne sont pas soumis au même traitement. L'impôt sur la consommation est asocial. Seuls les Français, sous François Hollande, sans la moindre honte, ont tenté d'établir une TVA sociale.

Ce qu'on appelle mettre en place un dispositif de TVA sociale consiste, d'une part, à diminuer les cotisations patronales (et éventuellement salariales) et, d'autre part, à augmenter le taux de TVA (taux réduit et/ou taux normal) et à affecter au budget de la Sécurité sociale les recettes fiscales correspondantes[29].

LES GRANDES ENTREPRISES NE PAIENT PAS D'IMPÔTS

Que ce soit en France ou aux États-Unis, moins de 10 % des ressources budgétaires de l'État proviennent de l'impôt des sociétés[30].

Le mécanisme des profits rend extrêmement aisé ce que l'on appelle hypocritement « la recherche de la voie la moins taxée ». L'un des fruits de la mondialisation a été la possibilité pour les entreprises de « parquer » leurs profits dans des pays à taux d'imposition faible. Le jugement récent de la Cour européenne de justice en faveur d'Apple et l'Irlande est là pour nous rappeler combien, même à l'intérieur de l'Union européenne, une forme d'équité fiscale est difficile à obtenir.

Si les petites et moyennes entreprises ne peuvent généralement pas échapper à l'impôt, ce sont les multinationales qui s'en donnent à cœur joie. Comme, en plus, elles parviennent à soutirer des subventions de l'État pour des raisons plus ou moins justifiées, la contribution des grandes entreprises au budget de ce dernier est négative.

Contrairement à ce que revendique la vindicte populaire, ce qui manque le plus à l'équilibre des finances publiques ne vient pas des grosses fortunes, mais des entreprises elles-mêmes.

UN GRAND TOURNANT DE LA FISCALITÉ DES ENTREPRISES ?

L'annonce par l'administration Biden d'une réforme mondiale de l'impôt des sociétés qui a été acceptée par la plupart des pays de l'OCDE est une nouvelle encourageante. Pour la première fois, une tentative d'harmonisation de l'imposition des grandes entreprises et la répartition de cet impôt où les revenus ont été générés est une révolution.

L'approbation, par le G20 à Venise le week-end du 11 juillet 2021, de ce projet est la première étape d'un processus qui sera complexe, mais indispensable si nous voulons rétablir une forme d'équité fiscale. Il n'y a aucune alternative si nous voulons mettre fin à l'évasion fiscale massive des grandes entreprises multinationales[31].

LES PARADIS FISCAUX ET LES PAPIERS PANAMA OU LA FUITE DES RICHES[32]

Il n'y aurait plus de paradis fiscaux sur la liste rouge de l'OCDE à l'exception de quelques îles plus ou moins exotiques des Caraïbes. Il serait facile de les bloquer, mais ils ressusciteraient sous d'autres cieux.

S'il est un domaine où l'hypocrisie le dispute à la fraude, c'est bien celui des paradis fiscaux. C'est incontestablement le sujet le plus sensible de l'injustice fiscale pour le citoyen moyen, qu'il soit de gauche ou de droite.

Les responsables politiques et les syndicats s'opposent à ce sujet tout en déposant apparemment une partie de leurs richesses personnelles ou institutionnelles dans ces charmants paradis fiscaux. L'OCDE a été chargée de la détermination de ces paradis fiscaux. Trente-cinq juridictions se sont engagées à améliorer la transparence et à mettre en place des échanges effectifs de renseignements en matière fiscale[33].

Cela a permis aux Bahamas et autres Antilles néerlandaises de sortir de la liste rouge des paradis fiscaux de l'OCDE. Une des raisons de cette situation est le fait que chaque pays est un paradis fiscal pour un autre. Les Français déposent des capitaux importants en Suisse, mais aussi en franchissant la frontière belge ou luxembourgeoise pour déposer ces avoirs dans une banque locale.

En avril 2016, les *Panama Papers*, un immense scandale d'évasion fiscale orchestrée par le cabinet d'avocats Mossack Fonseca, ont secoué le monde entier. Une enquête menée par une centaine de médias a révélé que 140 personnalités, parmi lesquelles les Français Jérôme Cahuzac, Patrick Balkany ou encore Michel Platini, détenaient des comptes cachés dans des paradis fiscaux. Parmi les *Panama Papers*, 500 dossiers concernaient des Français. Une cinquantaine d'entre eux ont déjà été traités, malgré des réponses parfois « incomplètes » des autorités panaméennes sollicitées par leurs homologues françaises[34].

L'ÉVASION FISCALE, SPORT FAVORI DES INVESTISSEURS

Si les entreprises ont, comme les individus, une localisation nationale, la détention d'actifs financiers peut, elle, se localiser n'importe où dans le monde. Certes, des progrès ont été faits. Lorsque les États-Unis ont imposé une obligation d'information par les banques à travers le monde pour les contribuables américains domiciliés en dehors des États-Unis, l'Europe n'a rien fait pour s'y opposer ou mettre en place un système équivalent qui eut imposé aux banques américaines de faire leur rapport sur les Européens domiciliés aux États-Unis. Les marchés financiers ne sont pas, en soi, un mécanisme d'évasion fiscale. L'idée de les interdire, parfois avancée par les populistes, ne changerait rien à ce phénomène. Ils rendent possibles cependant des opérations qui permettent d'échapper aux réglementations fiscales du pays d'origine.

Une des neuf crises financières argentines battait son plein. Le gouvernement avait décidé de suspendre la convertibilité du peso pour éviter la perte des capitaux. Plusieurs sociétés cotées au NYSE nous avaient fait part de leur inquiétude de voir les autorités monétaires fermer la possibilité d'une cotation à New York perçue comme une échappatoire de cette suspension de convertibilité : la conversion d'actions argentines en certificats de dépôts américains cotés en Bourse de New York. Une telle mesure aurait ruiné leur réputation auprès d'investisseurs internationaux. Dans les rues désertes de Buenos Aires, je longe la salle de trading de la Banco de Argentina où se traite le peso : elle est vide. Au ministère des Finances, je communique les statistiques de négoces de ces ADR, certificats américains représentatifs d'actions étrangères, qui démontrent que les volumes n'ont pas augmenté. Rassurées, les autorités ne prendront aucune initiative et tout rentrera dans l'ordre dans les semaines suivantes.

Ce sont finalement les États-Unis qui ont eu raison du secret bancaire suisse. Les grandes banques suisses, notamment l'Union des banques suisses (UBS), avaient démarché agressivement des contribuables américains aux États-Unis en leur proposant des montages fiscaux en Suisse[35]. L'UBS a été condamnée à payer 4,2 milliards de francs suisses aux autorités françaises[36].

Graphique 11. Le coût de l'évasion fiscale[37]

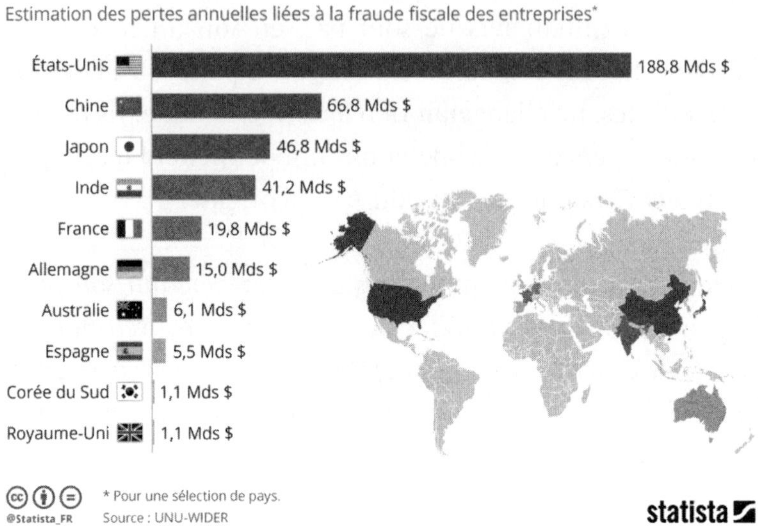

Les marchés financiers, terrain fertile du blanchiment d'argent

Le monde de la finance n'est pas composé uniquement d'acteurs intègres. Il existe une frange d'acteurs qui sont prêts à tout pour blanchir l'argent sale.

Il comprend une catégorie de participants qui sont des criminels. Avec le renforcement des précautions que prennent les banques lors des transferts de gros montants, le crime organisé a cherché à trouver des domaines où on ne lui pose pas trop de questions sur l'origine des fonds.

Même si nous n'arriverons jamais à éradiquer le crime organisé et ses agents plus ou moins véreux, le public, à travers des films tels que *Wall Street* d'Oliver Stone, est de mieux en mieux informé de ces pratiques.

Les marchés eux-mêmes, leurs régulateurs et les forces de police, continuent à perfectionner leurs outils pour identifier les opérations douteuses et leurs opérateurs. Mais il existe toujours des portes de sortie comme le bitcoin et les autres cryptos.

Ce qu'ils offrent est une denrée rare : l'anonymat. Au cours des dix dernières années, cependant, les gouvernements se sont dotés d'instruments d'investigation de plus en plus perfectionnés. Malheureusement, la coopération internationale reste défectueuse et permet au grand banditisme de continuer à bénéficier de l'argent du crime.

L'information est entre les mains des intermédiaires financiers et particulièrement des banques et des brokers : non sans réticence, ils ont accru leurs moyens de surveillance. Il est vrai que les amendes sont chères et font mal...

C'est sur ce terrain que s'est développé le marché des cryptos, et singulièrement du bitcoin, qui a servi à fournir l'argent du crime que l'on appelle *ransomware*, ou rançon qui est payée aux auteurs de toutes les formes généralement quelconques de piraterie digitale. Ce fut le cas pour les paiements, heureusement récupérés, qui ont été nécessaires pour débloquer l'attaque sur l'oléoduc de la côte Est des États-Unis[38].

Les marchés des capitaux sont au cœur d'une idéologie qui nourrit l'inégalité à travers un culte de l'actionnaire qui en est le soutien le plus important. L'entreprise conduit à des disparités de richesses et n'assume pas sa responsabilité sociale dès qu'elle entre en conflit avec le *return* de l'actionnaire. La rémunération des dirigeants rend ce système opaque et assure que ces derniers favoriseront le capital plutôt que le travail.

Ce système ne peut fonctionner qu'avec le soutien implicite ou explicite des dirigeants politiques, gouvernements ou parlements qui sont susceptibles d'être corrompus. Face à cette situation, il devient urgent de prendre des mesures drastiques qui feront des bonnes intentions des réalités dont l'impact environnemental, social et de gouvernance redéfinira nos démocraties.

CINQUIÈME PARTIE

Pour une réforme démocratique des marchés financiers

Un changement complet de perspective

Le rééquilibrage des marchés financiers passe par une révision en profondeur des objectifs des institutions et des individus qui y participent. Peu d'entre eux accepteront même un diagnostic qui est devenu évident : l'idéologie qui domine est la recherche de l'intérêt individuel des participants de ce grand Circus Maximus.

Rares sont ceux qui se posent la question de la légitimité ou de l'impact de leurs actions à partir du moment où elles sont légales. L'enrichissement de l'actionnaire et des institutions financières a atteint des niveaux dont l'indécence leur échappe. Que les dirigeants de la sphère technologique trouvent normal que leur seul salaire tourne autour de 100 millions de dollars est une insulte à leurs employés et ouvriers en particulier et à la société en général.

Le changement de perspective requiert de ces décideurs de se poser une question somme toute assez simple : quel sera l'impact de leurs actions sur la société ? Ce changement de perspective, s'il semble se dessiner, mettra longtemps à réduire ces inégalités : il faudra donc que les pouvoirs publics prennent des décisions qui atténuent celles-ci. Il y va de l'avenir de notre démocratie.

Un changement de mentalité est toujours un défi

Il serait naïf de sous-estimer les obstacles en tous genres qui jalonnent la route vers une transformation du système qui sous-tend les marchés financiers. Que ce soit le rejet du capitalisme financier américain, la réduction des avantages exorbitants des actionnaires, les rémunérations des dirigeants, les intérêts des banques centrales et l'irresponsabilité des gouvernements, ou les mécanismes qui accroissent l'inégalité croissante que les marchés financiers accélèrent même dans les moments de crise comme celle de la Covid-19. Cela nécessite des réformes de fond dont l'ampleur découragerait plus d'un.

Ce n'est pas pour autant une tâche impossible : elle est à la fois multiple et diverse. Même si je suis prêt à être considéré comme un utopiste, je n'ai pas pour vocation à me battre comme Don Quichotte contre les moulins à vent.

Ce qu'il faut, c'est que les parties en cause y voient leur intérêt, et en soient convaincues. Sur chacune des réformes nécessaires, il existe une abondante littérature académique et juridique qui explique pourquoi ces réformes ne sont pas nécessaires ou même utiles. La grande hypocrisie est que les acteurs de cette énorme commedia dell'arte refusent de reconnaître les inégalités, les faiblesses et les transformations nécessaires.

Ma confiance dans cette nécessaire évolution provient d'une conviction démocratique : l'ampleur des inégalités est devenue intolérable et risque de se traduire par des tensions sociales et politiques que nos dirigeants sont capables d'anticiper, mais semblent impuissants à désamorcer avant que le pire ne se produise. Nous n'avons simplement pas le droit d'augmenter chaque année le nombre d'individus rejetés en dessous du seuil de pauvreté. Nous n'avons pas le droit de privatiser la richesse entre les mains de quelques-uns.

J'aimerais croire que les appels de tous les responsables sociaux et le besoin de solidarité créeront un mouvement puissant, motivé par une reconnaissance de l'absence d'éthique qui caractérise la finance. Mon expérience est cependant que l'intérêt parle plus haut que la justice. En effet, il ne s'agit pas du rejet des marchés financiers, mais d'une organisation sociale et politique qui empêche l'abus systématique de leur pouvoir. Au-delà de leur finalité économique, ils sont devenus un instrument qui augmente l'inégalité et contrôle les pouvoirs publics.

Le déséquilibre des forces qui menace la démocratie et promeut l'inégalité nous conduit à une exacerbation du capitalisme financier. Ce changement de perspective est intellectuellement facile. La concrétisation de cette nouvelle vision du rôle des marchés financiers et de leurs opérateurs devra s'incarner dans des mesures spécifiques et concrètes. C'est sur le terrain que le déséquilibre est le plus résistant et le plus difficile à mettre en œuvre.

Le modèle qui s'est développé depuis la Seconde Guerre mondiale a privatisé les ressources financières et imposé des dépenses à un secteur public devenu largement exsangue. Ce modèle d'abus de la finance est condamné par la vindicte populaire pour de bonnes raisons. Il doit être remplacé par un modèle où la finance n'échappe pas au contrôle démocratique.

Les marchés financiers, nous l'avons vu, sont à l'origine d'une croissance accrue des inégalités de revenu à travers des niveaux de dividendes qui menacent l'emploi et augmentent la richesse capitaliste dont la croissance doit plus au soutien des banques centrales et des gouvernements qu'à la performance de l'entreprise et des dirigeants qui se rémunèrent sur la valeur boursière.

Il existe des solutions qui permettent de rééquilibrer la contribution de la finance à la société. Mais c'est un rééquilibrage fondamental auquel les pays avancés doivent se soumettre. Quelles forces démocratiques seront en mesure d'entamer et de maintenir ce processus de concertation et de décision ?

Un capitalisme social et solidaire est possible

L'Économie sociale et solidaire (ESS) désigne un ensemble d'entreprises organisées sous forme de coopératives, mutuelles, associations, ou fondations, dont le fonctionnement interne et les activités sont fondés sur un principe de solidarité et d'utilité sociale. Elle donne bonne conscience. Elle a même en France une secrétaire d'État courageuse et énergique, Olivia Grégoire. Son défaut principal est de prétendre transformer l'économie en s'arrêtant à des institutions qui ne représentent que 10 % de l'économie, et donc de permettre au reste de l'économie de n'être ni solidaire ni sociale. C'est cependant un premier pas dans la bonne direction.

Pour y arriver, il faut qu'une forme de capitalisme social émerge et que les divers participants y adhèrent. Sans une pression de l'opinion publique, le système de collusion d'intérêts qui domine le monde de la finance n'évoluera pas. Comme le dit ce dicton américain, « il ne faut pas demander à une dinde de voter pour Noël ». Et pourtant, les entreprises, les gouvernements et la société civile y ont intérêt puisqu'il ne s'agit pas de suivre le discours destructeur du populisme ou du nationalisme, mais de rééquilibrer les forces en présence.

Cela passe par une prise de conscience citoyenne que nos votes et nos moyens financiers comptent et qu'ils sont capables d'influencer une tendance qui conduit à une rupture sociétale, probablement violente. Le chemin parcouru met en évidence une inégalité structurelle imposée par un modèle que les investisseurs américains ont exporté et que nous avons, parfois inconsciemment, importé.

Cela passe également par une transformation de l'horizon d'investissement : il est essentiel que les moyens techniques qui consistent à augmenter la taille des marchés soient limités à ceux qui sont socialement et économiquement utiles. La domination des acteurs à court terme impose une vision à court terme sur laquelle aucune économie, aucune société, ne peut se construire.

Qui plus est, le capitalisme financier ne répond pas aux valeurs européennes de solidarité. Si nous sommes probablement capables de concevoir ce nouveau modèle, parviendrons-nous à le transformer en une force politique qui transcende les partis et les clivages, mais réunit l'Europe autour d'un consensus sociétal ?

Pour y arriver, il faut que les pouvoirs en place y trouvent leur compte. Ils sont conscients de ce déséquilibre. Veulent-ils le modifier ? Ils en ont les moyens démocratiques et financiers ? En ont-ils la volonté ? Voient-ils à quoi nous condamne le modèle actuel ?

Le secteur public au service des marchés financiers

La puissance des marchés financiers, leur réglementation et le soutien des banques centrales ont dévoyé le secteur public de ses responsabilités sociales et économiques. Au cœur de cette constatation se pose la question de la finalité de l'État. Au nom de quel principe démocratique interviendrait-il autrement que comme autorité de contrôle et de régulation dans le quotidien de ces marchés ?

L'implication multiforme de l'État dans les marchés financiers peut servir des politiques économiques et faire de l'État un utilisateur neutre de ses moyens de financement. Nous avons largement dépassé ce stade dans un monde qui fait des pouvoirs publics des partenaires actifs des marchés de capitaux. Il ne peut être question pour le citoyen et le contribuable d'utiliser directement ou indirectement les deniers de l'État pour favoriser les marchés financiers et les entreprises qui les peuplent.

C'est la démocratie qui est en jeu.

L'État et les contributions financières corrompent le processus de décision

La corruption prend des formes variables : que ce soit les formes diverses de « tourniquet » aux États-Unis ou de « pantouflage » en France, les subventions ou le financement des élections, nombreuses sont les voies impénétrables de la corruption. Les règles de bienséance de ces comportements et l'utilité réelle pour un cadre supérieur ou un ministre ou parlementaire de vivre l'expérience de l'« autre côté » sont les formes les plus répandues de ce qui peut conduire à une compromission. Les grandes banques se sont fait une spécialité d'engager d'anciens dirigeants politiques pour des fonctions bien rémunérées en échange de leur influence politique.

Ce qui vaut pour les entreprises se traduit régulièrement pour les marchés financiers. On peut être président de la Federal Reserve et continuer sa carrière dans un *hedge fund*. On peut être un régulateur et se retrouver dans une bourse ou une maison de trading. Un président de la Commission européenne, José Manuel Barroso, a rejoint Goldman Sachs qu'un nombre de gouverneurs de banques centrales avaient fréquenté, dont Mario Draghi et Mark Carney. JP Morgan a été poursuivi pour avoir engagé des dirigeants politiques… en Chine.

Il est important qu'existe un système permettant d'acquérir une expérience dans le secteur public et le secteur privé. Nous n'avons pas besoin de nous isoler. Dans quel esprit ? Carriérisme ou enrichissement ? Cela pourrait créer une génération de dirigeants d'entreprise qui auraient le sens de la *res publica*, de l'intérêt commun. Il y a des exemples remarquables de bienfaits de ces parcours mixtes. Ils restent cependant la minorité.

LA SAINTE-ALLIANCE DES INTÉRÊTS PARTICULIERS

Voyons de plus près comment nous y prendre pour réconcilier ces deux sœurs ennemies que sont devenues la finance et la démocratie.

- **Les gouvernements** sont les premières victimes consentantes de l'affaiblissement des institutions démocratiques. Ils sont en mesure de prendre des décisions qui affectent le bien-être de la population ou la profitabilité des entreprises. Ils sont cependant régulièrement audités par une forme ou une autre de Cour des comptes qui dénonce des abus mais n'a pas les moyens de les corriger. La seule fraude des prestations sociales en 2019 s'élevait à 1 milliard d'euros en France.

• **Les pouvoirs réglementaires** ne peuvent pas être partisans ou nationalistes. Leur supervision devrait être contrôlée par le Parlement, même s'ils émanent du pouvoir exécutif. Cette ambiguïté reste la source de faiblesses, signes de la répression des contributions financières. L'État est juge et partie. Comment imposer des sanctions à un organisme… d'État ? Les agences gouvernementales sont contrôlées par les parlements, mais de manière indirecte.

• **Les parlementaires** sont eux-mêmes susceptibles de suivre l'argent et se sont de tout temps opposés au contrôle éthique de leurs membres. Les parlements sont en mesure d'arrêter des décisions et, parfois, d'empêcher le pire. Leur arme la plus puissante est le budget : l'allocation des ressources et l'impôt. Mais chacun des parlementaires devra financer son élection ou sa réélection : certains intérêts privés se feront un plaisir de les y aider. Comment la Chambre des représentants américaine arriverait-elle à ces objectifs, alors que ses membres sont remplacés en totalité tous les deux ans et sont donc constamment à la recherche du financement de leur campagne électorale ?

• **Le pouvoir judiciaire** est dans la plupart des pays démocratiques mieux protégé et plus intègre que le pouvoir exécutif et le pouvoir législatif. Aux États-Unis, les procureurs sont élus, et donc soumis aux mêmes pressions que les parlementaires. Mais la nomination des juges est affaire de politique : Donald Trump se vante d'avoir nommé des centaines de juges fédéraux à vie. On se souviendra des accusations de viol contre le candidat à la Cour suprême des États-Unis, Brett Kavanaugh, que les républicains du Sénat ont ignorées[1]. Tout est là pour nous confirmer que même des criminels arrivent à se faire nommer aux plus hauts niveaux de la magistrature.

• **Les partis politiques** ne parviendraient pas à survivre sur la seule base des contributions de l'État ou de leurs électeurs. Ils sont pieds et poings liés aux fortunes et aux entreprises qui assurent leur financement. Même s'ils cherchent à se financer directement auprès de leurs électeurs, les montants obtenus sont insuffisants et la part du lion de leur budget est financée par les entreprises.

Comment trancher le nœud gordien de cette alliance d'intérêts ? Rien ne lui échappe, et les marchés financiers font partie de cette noria.

LA DÉDUCTIBILITÉ FISCALE DES CONTRIBUTIONS POLITIQUES ET DU LOBBYING

La plupart des pays permettent la déduction fiscale des contributions politiques par les entreprises à des degrés divers[2]. En clair, cela veut dire qu'indirectement, sous forme de diminution de ses recettes, c'est le budget de l'État et des collectivités locales qui se voit amputé du montant de ces contributions.

Les dépenses de lobbying s'apparentent au même principe. Celles-ci naviguent chaque année entre 3 et 3,5 milliards de dollars aux États-Unis. L'Europe ne publie pas les dépenses de lobbying.

Les entreprises disposent d'un pouvoir exorbitant de favoriser un parti ou un candidat. La campagne électorale pour la présidentielle américaine de 2020 a coûté à elle seule plus de 3 milliards de dollars. Aux États-Unis, l'élection d'un sénateur en Oregon, qui a fait basculer la majorité du Sénat, a fait l'objet d'un deuxième vote qui a mobilisé près de 1 milliard de dollars. L'Europe, ici encore, montre l'exemple d'une modération qui l'honore.

Empêcher ces montants d'être déduits fiscalement diminuera l'ampleur des montants ainsi alloués aux activités politiques en provenant des plus riches et des grandes entreprises. Ces déductions diminuent les revenus de l'État et constituent une pratique qui n'a de démocratique que le nom puisqu'elle va favoriser les grands « donneurs » qui regroupent les riches et les grandes entreprises.

Le même traitement devrait être appliqué aux paiements déductibles fiscalement et qui servent à corrompre les autorités de pays étrangers. Malgré les efforts des États-Unis au niveau de la *Foreign Corrupt Practices Act*, de tels paiements restent répandus. Je dois reconnaître que lors de mon passage dans le groupe General Electric, qui s'interdisait ces paiements, j'ai eu honte de voir les grandes entreprises européennes emporter des marchés en corrompant des gouvernements. Déductibles, ils font partie du prix d'achat ou de vente du produit ou du service. Non déductibles, ils deviennent beaucoup plus onéreux. Je n'ai pas perdu ma capacité d'indignation face à des fraudes manifestes et non sanctionnées.

Parmi les principaux contributeurs des partis politiques figurent en bonne place les grands acteurs de la finance : ils cherchent à obtenir des avantages qui permettront de continuer à favoriser les grandes entreprises cotées, en évitant en particulier la taxation des dividendes et des plus-values. Ils tentent également d'obtenir un affaiblissement de la puissance de la réglementation des marchés financiers.

Leur agenda est simple : perpétuer le capitalisme des actionnaires ainsi que le *return* et minimiser la taxation.

L'OPACITÉ DES CONTRIBUTIONS POLITIQUES

Des scandales, dont les médias se sont largement fait l'écho et qui ont donné lieu à des enquêtes judiciaires, ont ouvert les yeux de l'opinion publique sur le problème du financement illicite des partis politiques et sur le lien entre ce phénomène et celui de la corruption. Ces scandales, s'ils n'ont pas sapé l'importance des partis politiques en tant que piliers de la démocratie représentative, ont toutefois mis en évidence que des règles claires et des comptes transparents sont deux éléments clés pour restaurer ou préserver la confiance des citoyens dans la chose politique, écrit Walter Schwimmer, secrétaire général du Conseil de l'Europe[3].

Plusieurs initiatives ont été lancées pour assurer la transparence des fonds payés indirectement aux pouvoirs publics par les intérêts économiques et financiers. Mais elles ne vont pas assez loin parce que les parlementaires sont eux-mêmes les bénéficiaires de ces pots-de-vin qui financent leur campagne.

Il ne suffit pas de limiter le montant ou de publier des chiffres globaux : un des moyens efficaces pour diminuer le pouvoir de ces intérêts est de forcer la publication de l'identité des bénéficiaires et le montant de ces contributions.

De nombreux efforts vont dans ce sens. Mais il est essentiel que la publication des comptes des partis politiques, des candidats et des « contributeurs » à leur campagne se fasse dans la transparence. Il faudra aussi que les montants payés par les entreprises soient détaillés. Quel gouvernement proposera une telle mesure ? Quel Parlement la votera-t-il ?

Dans un article dévastateur d'octobre 2017, le *New York Times* a publié les déclarations des sénateurs et des députés offrant leurs prières pour le massacre de Las Vegas... à côté des montants qu'ils ont reçu de la National Rifle Association[4]. J'avoue avoir été surpris de lire que John McCain s'affirmait comme le champion toutes catégories avec 7,8 millions de dollars reçus, suivi évidemment de Mitch McConnell, l'âme damnée de Trump et des Républicains. Nous sommes en pleine hypocrisie.

Sous la présidence de George W. Bush, la Cour suprême des États-Unis a, en janvier 2010, supprimé les limites mises à ces contributions sous le nom hypocrite de « Citizen Act » : ce qui prouve *a contrario* que les intérêts financiers ne veulent surtout pas être plafonnés, et donne une piste démocratique au financement politique en limitant les montants. Ne pas le faire, c'est donner une puissance illimitée aux pouvoirs de l'argent, gonflé par des rendements boursiers hallucinants.

Nous ne sommes plus dans le financement des campagnes, mais dans le racket des institutions démocratiques. Les influences russe et chinoise sapent à travers des mécanismes complexes la confiance dans le système électoral, clé de la démocratie. Sauver la démocratie implique une transparence qui n'existe pas en Europe.

Recentrer les banques centrales sur la politique monétaire

Que viennent faire les banques centrales dans le financement de l'État ? Les excuses avancées comme la croissance, l'emploi ou la défense de l'euro ne tiennent pas la route. Leur effet a été de favoriser les emprunteurs au détriment des épargnants. Sans les accuser de mauvaises intentions, je ne puis que constater le résultat de leurs actions. L'affaiblissement du contrôle démocratique et de l'indépendance des banques centrales menace la stabilité financière.

Elles sont d'ores et déjà prises au piège avec le quintuplement de leur bilan et ne savent plus comment sortir du piège qu'elles ont elles-mêmes creusé et dont elles savaient qu'elles ne pourraient pas sortir.

Fin octobre 2020, Bill Dudley, ancien président de la Federal Reserve Bank de New York, soutient que l'efficacité des mesures supplémentaires de la Réserve fédérale est désormais extrêmement limitée et que de nouvelles mesures de relance économique doivent provenir de la politique budgétaire. Aucune banque centrale ne veut admettre qu'elle n'a pas de puissance de feu. Malheureusement, c'est le cas ou presque de la Réserve fédérale américaine. Cela signifie que la prospérité future de l'Amérique dépend plus que jamais des plans de dépenses du gouvernement – ce que le président et le Congrès doivent reconnaître. Une grande partie de l'argent facile d'aujourd'hui est obtenue au détriment de la croissance future. Ainsi, alors que la Fed devrait certainement continuer à soutenir l'économie américaine, l'opinion risque de se cabrer devant le futur fardeau économique que cela entraînera[5].

Les banques centrales sont devenues un supermarché de fonctions financières émaillées de conflits d'intérêts qu'elles refusent de reconnaître. Leur existence même est mise en question et leur gouvernance ne s'est pas adaptée aux événements de ces dernières décennies.

Je ne fais pas de procès d'intention aux banques centrales : elles ont sincèrement espéré que les mesures tentaculaires qu'elles ont prises depuis dix ans et qui ont décuplé leurs bilans pouvaient relancer la croissance et l'emploi. Prisonnières d'une théorie économique qu'elles refusent de mettre en cause, elles ont agi de bonne foi.

Elles ont simplement tourné le dos à leur mission essentielle de politique monétaire et favorisent les emprunteurs (souverains) par rapport aux épargnants. C'est un problème éthique.

UNE MISSION POLITIQUEMENT IMPOSSIBLE ?

Les banques centrales (bon gré, mal gré) ont abandonné une bonne partie de leur indépendance et ont assumé des risques pour lesquels elles ne sont ni compétentes ni capables d'une gestion professionnelle. Elles ont de surcroît accumulé des actifs dont elles ne parviendront pas à se débarrasser. Elles sont prises au piège de la politique budgétaire des gouvernements.

Considérer que les banques centrales doivent promouvoir la durabilité et le changement climatique alors que dans les dernières années des éléments d'emploi et de croissance se sont ajoutés à leurs missions compromet l'intégrité de leur rôle de politique monétaire. Dans le cas de la BCE son rôle d'« ange gardien de l'euro » s'ajoute à ses fonctions et explique qu'elle ait eu recours aux taux d'intérêt négatifs.

Il est extraordinairement difficile pour les banques centrales de ne pas être influencées par le pouvoir exécutif dont elles sont l'arme financière et de ne pas devenir le bras financier des États, sortant de sa fonction primaire de politique monétaire. Autant il serait absurde de poursuivre une telle politique monétaire à l'encontre de la politique économique, autant le dilemme est pour elles déchirant : devenant le porteur d'eau de la dette publique, elles affaiblissent leur indépendance.

ARRÊTER DE FAIRE MARCHER LA PLANCHE À BILLETS

Si encore leurs actions s'étaient avérées utiles et efficaces, elles auraient au moins renoncé à leurs principes pour une noble cause. Mais ce fut un échec sur toute la ligne.

Si les politiques monétaires non conventionnelles ont échoué depuis dix ans, c'est aussi parce que les torrents de liquidités apportées au système par les banques centrales via *l'achat d'actifs financiers (le* quantitative easing*) n'étaient pas relayés par l'action des gouvernements et des banques dans l'économie réelle. L'argent est ainsi resté dans le système financier, et n'a fait grossir que les indices boursiers*[6].

Les banques centrales ont failli à leur tâche lors des opérations de *quantitative easing* et ont utilisé toute leur artillerie trop fort et trop vite en 2020. Elles l'ont fait de manière réactive aux événements, sans compas moral ou colonne vertébrale structurelle. Elles plaident le fait que les conséquences néfastes prévisibles de leurs actions n'étaient pas intentionnelles. Cet argument moral ne les absout pas de leur responsabilité sur les conséquences de leurs actions.

L'approche des économistes des banques centrales se base sur des hypothèses qui se sont avérées fausses : la baisse des taux d'intérêt n'a pas réveillé l'inflation, augmenté l'emploi ou activé la croissance de l'économie.

Les banques centrales ne sont pas étrangères au marché des titres souverains. Elles exercent plusieurs fonctions dans ces émissions, mais leur rôle le plus important est celui de ce que l'on appelle la « politique d'*open market* ».

Il s'agit d'une fonction de régularisation et non d'investissement. La redéfinition de la politique monétaire a conduit les banques centrales à accumuler des obligations souveraines pour des raisons qui ne sont monétaires que de nom. Ce faisant, elles sont devenues le partenaire de l'État émetteur et leur bilan regorge de ces actifs.

C'est cette politique monétaire « alternative » qui plombe maintenant les bilans des banques centrales. Elles n'ont pas de porte de sortie dans la mesure où elles détiennent une proportion importante de ces obligations souveraines.

Mettre fin à ces interventions qui s'accumulent année après année est devenu un impératif absolu de stabilité financière. Le marché des emprunts d'État est maintenant entre les mains des banques centrales.

LES CONFLITS D'INTÉRÊTS IMPOSENT UN CHANGEMENT DE GOUVERNANCE

À cela s'ajoute le risque de conflits d'intérêts inhérents à la multiplicité des responsabilités des banques centrales qui ont favorisé les emprunteurs au détriment de l'épargne, fragilisant l'équilibre des marchés. Devenues un acteur central des marchés financiers, elles ont maintenant une influence sur les marchés boursiers et obligataires bien au-delà de leurs politiques de stabilité financière.

Les conflits d'intérêts ne datent pas d'hier, tout comme cette chanson sortie des années 1980. Mais à cette époque, il n'y avait pas grand-chose pour les éviter, les encadrer, les prévenir car on passait moins souvent d'une fonction publique à une fonction privée, et vice versa. *Aujourd'hui, ces allers-retours sont légion et même encouragés… En parallèle, et scandales aidant, les institutions publiques se dotent de codes de bonne conduite et de prévention des conflits d'intérêts. Même la Banque centrale européenne a dû s'y mettre depuis janvier 2019 sous la pression du Parlement européen, des ONG et de la médiatrice de l'Union européenne*[7].

À moins d'une réforme profonde qui recentre les banques centrales sur leur métier de base de gardiens de la politique monétaire, elles ne retrouveront plus la confiance dont elles ont bénéficié avant la crise de 2008. Pour ce faire, elles doivent préciser de manière non ambiguë leurs objectifs de politique monétaire : non pas seulement la politique de taux d'intérêt, mais les motivations derrière les achats massifs d'actifs à long terme et la baisse des taux à zéro ou négatifs.

LA TRANSPARENCE N'EST PAS FACULTATIVE

Les banques centrales ont beaucoup amélioré leur communication mais elles refusent d'être mises en question. Ces questions portent sur le caractère critique de certaines de leurs actions, et l'opacité de leurs politiques :

- Quel est l'impact de leurs politiques sur l'épargne et pourquoi acceptent-elles de ne pas la rémunérer ?

• Quelles sont les raisons de la baisse brutale des taux d'intérêt si la croissance n'est pas au rendez-vous ?
• Comment gèrent-elles les conséquences de la non-rémunération du risque de maturité ou de crédit dans un monde où les États ne paient plus pour leurs emprunts et s'en donnent à cœur joie ?
• Quel risque systémique risque d'apparaître si le crédit des risques souverains se détériore au point de provoquer une hausse brutale des taux à long terme ?
• Quel risque est attaché à l'absence de stratégie de sortie de leurs actifs à long terme qui viennent d'augmenter de 10 000 milliards de dollars ?
• Quelle a été la part des banques centrales dans l'évolution des cours de Bourse, forçant les investisseurs à s'engouffrer sur les marchés boursiers en dépit des faibles performances des entreprises ?
• Quelle est la motivation des banques centrales dans l'acquisition de risques d'entreprise au lieu de se focaliser sur les besoins de liquidité des banques ?
• Comment réguler des banques qui déposent auprès des banques centrales et empruntent chez elles de manière régulière ?
• Se pourrait-il que les banques centrales soient lassées de se préoccuper du niveau des taux d'intérêt des prêts à court terme aux banques, du soutien du marché des obligations d'État et qu'elles soient devenues un gigantesque fonds commun de placement en obligations souveraines, intervenant aussi sur le marché du crédit et même sur celui des *junk bonds* ?

La politique monétaire qu'il faut bien appeler « classique » est celle qui consiste à assurer la stabilité des prix à travers les taux d'intérêt à court terme et les opérations d'*open market*. La banque centrale est aussi le prêteur en dernier ressort du système bancaire.

Quand une banque a besoin de liquidités pour honorer les paiements effectués par ses clients (si ses clients retirent plus d'argent de leurs comptes qu'ils n'en déposent), elle emprunte les fonds à une autre banque. De l'autre côté, quand une banque a des liquidités disponibles (ses clients remettent plus d'argent sur leurs comptes qu'ils n'en retirent), elle les propose aux autres banques. C'est ce que l'on appelle le marché interbancaire. Les banques se prêtent pour des durées très courtes, parfois seulement pour vingt-quatre heures, et jusqu'à un an. Les paiements entre banques se font exclusivement par l'intermédiaire des comptes qu'elles détiennent à la banque centrale. C'est pourquoi on parle de « monnaie banque centrale ». Cette monnaie n'est utilisée par les banques que sur le marché interbancaire et ne circule donc pas dans l'économie[8].

LA SUPERVISION DES BANQUES DOIT ÊTRE TRANSFÉRÉE À UNE AGENCE INDÉPENDANTE

Les banques centrales sont juges et parties. Les banques centrales concentrent le pouvoir de supervision, de financement de leur bilan par les banques, de prêts aux banques pour assurer la liquidité de leurs interventions.

Je me souviendrai toujours d'une conversation avec Paul Volcker, qui m'avait invité à discuter un papier que je lui avais envoyé. Nous nous voyions de temps à autre, étant voisins au Rockefeller Center à New York. Je faisais état d'un différentiel entre les taux des emprunts d'État allemand et les taux des emprunts d'État américain. Sceptique, il reprit dans son panier son exemplaire du Financial Times *pour vérifier les chiffres (à l'époque, 250 points de base ou 2,50 % de différence). « Es-tu en train de me dire que les États-Unis paient trois fois plus que l'Allemagne pour ses emprunts d'État… ?* Get out of here! »

Dans un rapport, la Volcker Alliance, groupe de réflexion créé par l'ancien président de la Federal Reserve, expose sa vision pour remodeler le système de réglementation financière pour le XXIe siècle. Le système de réglementation des institutions financières aux États-Unis est très fragmenté, dépassé et inefficace. Il y a vingt-trois institutions qui ont un impact sur le monde de la finance : un vrai parc d'attractions pour les institutions financières. Une multitude d'organismes fédéraux, d'organisations d'autoréglementation et d'autorités étatiques partagent la surveillance du système financier dans un cadre truffé de lacunes réglementaires, d'échappatoires et d'inefficacités. Pratiquement toutes les autopsies de la crise financière citent le système de réglementation alambiqué comme un facteur aggravant. L'objectif de l'Alliance est un régime plus simple, plus clair, adaptatif et résilient, équivalent aux cadres réglementaires modernes d'autres pays développés, qui a pour mandat de traiter le système financier tel qu'il existe actuellement et qui est capable de suivre le rythme de l'évolution du paysage financier… L'Alliance soutient qu'un système de réglementation bien reconfiguré est une étape nécessaire vers une réglementation efficace et la stabilité à long terme du système financier[9].

Faut-il le dire, la réforme est encore dans les cartons du congrès ? Trop d'intérêts institutionnels, politiques et personnels s'opposaient à cette amélioration de la réglementation américaine. Mais le défi est de nous interroger sur le type de réglementation qui correspond à nos valeurs.

L'Europe a développé un leadership dans des domaines aussi sensibles que les lois de la concurrence ou de la protection de la vie privée qui sont essentielles aux marchés financiers. Elle a même réussi à l'imposer aux institutions financières non européennes. Ce leadership est fondamental.

La multiplication des fonctions des banques centrales a sonné le glas de leur indépendance. En devenant le financier de l'État, elles ont perdu ce qui fait l'essence même de leur mission. Cela a permis au pouvoir exécutif d'intervenir dans des domaines réservés de la politique monétaire.

Créer des régimes d'autonomie pour lesquels les banques centrales auront un vrai pouvoir de décision est le seul moyen d'éviter que l'ensemble des fonctions des banques centrales se retrouvent sous le contrôle du pouvoir exécutif. Les attaques constantes de Donald Trump contre la Federal Reserve sont l'exemple même d'une volonté d'interférence abusive dans les décisions régaliennes des banques centrales. Ces dernières sont la première victime de toutes les dictatures égyptienne, grecque, turque…

Nous ne pouvons pas permettre l'intrusion de pouvoirs qui réduisent cette indépendance des banques centrales, même si elles sont responsables d'avoir accepté des responsabilités qui ne leur appartiennent pas. La dernière en date est la construction de gigantesques fonds d'investissement en obligations de leurs gouvernements.

Cela ne les rend pas pour autant dépendantes de leurs gouvernements, et il est important de respecter ceux et celles qui dirigent ces banques centrales. Mais leur communication est ambiguë, et parfois fallacieuse. Elles ne seront vraiment indépendantes que si elles ne se contredisent pas entre leur discours public et les conséquences de leurs actions.

En aucun cas, elles ne peuvent dépendre pour leur réglementation et leurs opérations du ministère des Finances qui les utilise pour réduire ses coûts de financement au détriment des risques de leurs opérations[10].

Recentrer les entreprises sur leur mission

Les entreprises financent la démocratie, que ce soit la fusion entre Monsanto et Bayer, ou l'autorisation des pesticides – dont le glyphosate – qu'ils produisent. Nous savons que des centaines de millions ont été dépensées par les lobbies, pour forcer l'approbation par la Commission européenne d'une entrée massive de l'entreprise chimique la plus polluante de la planète dans l'Union européenne sur la base de rapports d'experts, par ailleurs, recrutés par les entreprises. Pendant la crise financière, les banques ont dépensé des milliards en honoraires des grands cabinets d'avocats pour limiter les conséquences des poursuites entamées contre elles.

Quelle est la finalité des marchés financiers ? Rendre possible le financement des entreprises et fournir aux investisseurs le cadre nécessaire pour leur permettre d'éclairer leurs choix. Les marchés financiers ont connu en vingt ans une évolution qui a fait de leur intérêt propre une fin en soi. Ils sont au service des actionnaires, pas de l'entreprise ou de la société. Ils sont devenus un gigantesque Circus Maximus d'intérêts à court terme qui empêchent de construire une société juste et équitable.

Ils sont bâtis sur le sable et ont réussi à enrôler les pouvoirs publics, et singulièrement les banques centrales. L'objectif est de fabriquer des rendements déconnectés de l'économie réelle et des performances des entreprises, obligées de se gérer à court terme au lieu de prendre les risques nécessaires pour construire une industrie solide. Le rachat par les entreprises de leurs propres actions et leur politique de dividende ont fragilisé les entreprises et elles comptent bien sur l'État pour les renflouer comme nous l'avons vu en 2020.

Le moment est venu de changer de cap et de définir des objectifs qui tiennent compte de finalités plus larges et plus complexes et de contraindre le secteur privé de rendre compte de son impact sur l'environnement et la société, et sur la gouvernance qu'il mettra en place pour y arriver.

Ce n'est pas illusoire : les changements des dernières années, sous la pression de l'opinion publique, sont un pas dans la bonne direction. Il faudra s'assurer que ces actions se poursuivent.

Responsabiliser les dirigeants et les administrateurs d'entreprises

La transparence et l'intégrité de l'information des entreprises ne sont pas négociables. De nombreuses fraudes ont ponctué la vie des marchés financiers depuis dix ans. Elles se sont souvent soldées par des amendes imposées aux entreprises plutôt qu'à une mise en examen des dirigeants eux-mêmes. Les États-Unis n'ont mis personne en prison lors de la crise de 2008.

La pratique des amendes payées par les entreprises pour toutes les formes généralement quelconques de fraudes et autres pratiques illégales ne suffit pas.

INDIVIDUALISER LES RESPONSABILITÉS

Sans une responsabilité personnelle solide, aucun respect des dirigeants n'est possible.

Ce sont les individus qui, au sein des entreprises ou des gouvernements, sont responsables et doivent rendre compte et être pénalisés soit pécuniairement, soit par des privations de liberté. Il est trop facile de disposer des pouvoirs et de ne pas assumer la responsabilité de ses actions, tout en exigeant des rémunérations à la hauteur du risque. L'ignorance ou l'absence d'intention sont des excuses morales. Les gestionnaires de l'entreprise ou l'administrateur ne peuvent pas s'absoudre. Il y a une discordance entre les rémunérations parfois pharaoniques des dirigeants de grandes entreprises et la manière dont ils plaident l'ignorance ou leur innocence lorsque la situation se détériore.

Faut-il le dire, les primes aux acquisitions, les actions gratuites et les parachutes dorés entrent dans cette catégorie. La réglementation des marchés américains a prévu que, dans des cas extrêmes, les dirigeants soient tenus de rendre les bonus pour ceux ou celles qui ont abusé du système.

On vient d'apprendre que Gary Cohn, ancien président de Goldman Sachs, par ailleurs milliardaire, a refusé de rendre une partie de ses bonus alors qu'un scandale en Malaisie, qui avait eu lieu sous son autorité, a valu plusieurs milliards de dollars d'amendes et autant d'indemnités au gouvernement malais pour fraude[11].

Cette disposition a récemment été mise en question devant les tribunaux et il a fallu l'intervention de la SEC pour rétablir cette sanction *a minima*. Ils n'ont eu que très partiellement gain de cause.

Cela pose une question éthique profonde. Des individus ou groupes d'individus – par ailleurs aimables, sincères et intègres dans leur vie personnelle – semblent changer d'uniforme en entrant dans les hautes sphères des entreprises. La déconnexion entre le droit et la morale est réelle. Après la crise de 2008, il a fallu que les régulateurs rappellent ce devoir en introduisant une nouvelle règle de « conduite et culture ».

Sans responsabilité individuelle aux enjeux pénaux, nous n'arriverons jamais à reformer un système qui enrichit les individus à l'intégrité douteuse sans les rendre responsables de leurs actions.

DÉCONNECTER LES RÉMUNÉRATIONS DES DIRIGEANTS DU COURS DE BOURSE

Lors de son ascension à la direction d'Apple, Tim Cook, le CEO actuel, a reçu des actions gratuites[12] *: elles ne rémunéraient aucune performance puisqu'il n'avait pas encore fait ses preuves. Il y en avait pour 700 millions de dollars : il ne prenait aucun risque et depuis, ces actions valent plus du double. Il a fallu acter une « perte » de 700 millions de dollars lors de l'octroi de ces actions. Où est l'équité ? Où est la logique ?*

Les facteurs qui affectent un cours de Bourse sont multiples. Le principal d'entre eux est certainement la performance de l'entreprise, mais l'expérience a prouvé depuis plusieurs années et singulièrement en 2020, que le cours boursier peut être influencé par diverses actions dont la plus évidente est le rachat par une entreprise de ses propres actions. Comme nous l'avons vu, aux États-Unis, les bénéfices ont stagné tandis que le cours de Bourse triplait, et avec eux les rémunérations des dirigeants.

Le système des stock-options a ceci d'inéquitable que le bénéficiaire ne doit pas investir pour pouvoir bénéficier de la plus-value. Qui plus est, il est à sens unique. Si le cours de Bourse baisse, c'est un manque à gagner, mais pas une perte. Si le cours a monté, l'exercice de l'option permet un profit immédiat.

Le système des bonus est également influencé par les évolutions de marché. Sans être strictement corrélé aux cours de Bourse, le *bonus pool* évoluera en fonction de la fameuse *shareholder value*.

À cela s'ajoute la part de la hausse des cours de Bourse qui provient de subventions, d'aides des gouvernements et d'injection par les banques centrales.

C'est sur les résultats de l'entreprise que doivent être basées les rémunérations des performances des dirigeants.

RESPONSABILISER LES ADMINISTRATEURS QUI ÉVITENT LES QUESTIONS DIFFICILES

Le conseil d'administration est un lieu privilégié où les membres sont supposés soutenir l'entreprise dans son ensemble, et pas seulement les actionnaires ni le dirigeant. Poser les questions embarrassantes ou contester les actions de la direction d'une entreprise ou d'une institution est un exercice périlleux et j'ai personnellement vécu des situations où cette attitude conduit à l'exclusion ou à une injonction de démission. Il est trop facile de se cacher derrière la responsabilité collective, à moins de considérer qu'en cas de fraude caractérisée du management, l'ensemble du conseil d'administration doit démissionner.

Ceci n'est pas théorique : j'ai été membre du conseil d'une entreprise américaine cotée au Nasdaq et détenue par un groupe pharmaceutique indien. Lorsque nous avons été informés que les diverses réprimandes de la Federal Drug Administration n'avaient pas été prises en compte et que l'usine avait été fermée par la police, mon sang n'a fait qu'un tour. Il s'est trouvé un avocat prêt à tout pour contester notre pouvoir d'investigation… et je fus renvoyé du comité d'audit du conseil par le président du conseil. J'ai démissionné et informé la SEC des raisons de cette démission : cette dernière s'est empressée de… ne rien faire. Et pourtant il y avait récidive.

Des efforts ont été faits pour assurer une certaine compétence financière aux comités d'audit. Il aura fallu cette évolution pour que ce comité ne soit plus dirigé chez JP Morgan… par la directrice d'un théâtre new-yorkais. La professionnalisation des conseils et la diversification des membres des conseils ont progressé. Mais le courage autour de la table d'un Conseil est une denrée rare.

Qui plus est, la présence de juristes autour de la table des conseils d'administration dépouille ces derniers d'un de leurs rôles essentiels : la prise de responsabilité. Bien souvent, le débat se noie dans les eaux de la conformité. Comme le processus de sélection passe par des firmes de chasseurs de têtes qui sont les clients des dirigeants et hésitent à proposer des personnalités qui n'entrent pas dans le moule des « amis du dirigeant ».

Lors d'un séminaire organisé par l'association française des femmes administrateurs, la question qui m'a été posée était :

« Quelle est la qualité la plus importante d'une administratrice ? » J'ai répondu : « Le courage de poser les questions difficiles. »

Comme, en plus, les risques de poursuites judiciaires contre le conseil sont couverts par des assurances spéciales pour les administrateurs et les dirigeants, une forme d'impunité s'est installée dans les conseils. Il est intéressant de constater que, lorsque des mesures renforçant les responsabilités des administrateurs ont été annoncées, la principale objection a été de dire que, si on met trop de responsabilités sur les épaules des administrateurs, on ne trouverait plus de candidats compétents.

Les conseils et les dirigeants ont souvent une relation complexe. Il est temps de découpler ces deux instances et d'interdire la présidence du conseil d'administration au directeur général comme le préconisent de nombreux codes de bonnes gouvernances et de nombreux chercheurs comme le prix Nobel Eugène Fama. Les administrateurs n'ont pas à gérer les entreprises. Ils ne sont pas non plus des spectateurs irresponsables ou une chambre d'enregistrement des décisions du dirigeant.

Il n'y a aucun moyen de sanctionner les actions des administrateurs dans le cadre du conseil d'administration, sauf à faire démissionner un administrateur ou un conseil. Un seul exemple me vient à l'esprit : le cas d'Eurostar, dont le conseil a été remplacé dans sa totalité lors d'une assemblée générale. Ce cas reste une exception.

Il serait cependant erroné de généraliser. Si les garde-fous ne sont pas robustes en cas de difficulté, la plupart des conseils d'administration sont composés de personnalités qui ont à la fois les compétences et le franc-parler nécessaires. J'ai connu des cas où des administrateurs ont pris des risques personnels en s'opposant à la direction de l'entreprise malgré la menace des avocats. Rares sont les occasions où ils ont prévalu, mais ils ont parfois mis en évidence des faiblesses de fonctionnement qui ne pouvaient plus être ignorées.

Un exemple récent est la décision du conseil d'administration de JP Morgan Chase d'allouer 1,5 million d'actions gratuites à son P-DG, Jamie Dimon, pour une valeur de 50 millions de dollars au-delà de son bonus pour l'annee précédente de 31 millions de dollars. Comment qualifier un tel cadeau pour inciter un P-DG de rester quelque temps encore à son poste qui détient déjà 9,4 millions d'actions de sa société et une fortune de plus de 2 milliards de dollars[13] ?

SÉPARER LES FONCTIONS DE DIRECTION GÉNÉRALE ET DE PRÉSIDENCE DU CONSEIL ?

La composition des conseils et son organisation reflètent des cultures différentes. La France se caractérise par son acceptation du président-directeur général alors que la plupart des pays européens distinguent le président du conseil d'administration du directeur général. Récemment, cependant, le nombre de grandes entreprises qui ont opté pour une distinction a augmenté.

Ce qui est important dans cette séparation est une distinction des rôles de décisions et de contrôle de ces décisions. Alors que le directeur général (*Chief Executive Officer*) gère l'entreprise au quotidien, le président du Conseil (*Chairman of the Board*) est responsable du bon fonctionnement de la gouvernance. C'est une responsabilité différente et la distinction a du sens.

La limite de l'épure est la relation entre les deux dirigeants. Tant qu'elle est positive, tout se passe bien. Il serait cependant illusoire de croire qu'il n'y aura pas de conflits qui, parfois, font place à une vraie hostilité. La nomination d'un nouveau directeur général ou d'un nouveau président peut également menacer cette relation.

Une des règles qui a été imposée en Grande-Bretagne consiste à interdire que l'ancien directeur général devienne le président du Conseil de la même entreprise. Elle évite que le nouveau directeur général soit maintenu sous la tutelle de son prédécesseur, voire choisi pour sa sympathique soumission à ce dernier.

D'OÙ VIENT CETTE RUÉE VERS LE RACHAT PAR DES ENTREPRISES DE LEURS PROPRES ACTIONS ?

Il est paradoxal que ces achats massifs de leurs actions par les entreprises soient salués par Wall Street. C'est cependant un aveu d'échec et d'impuissance. L'entreprise n'a-t-elle rien de mieux à faire de ses fonds propres que de les renvoyer à ses actionnaires ? Comme le dit *Harvard Business Review* c'est dangereux pour l'économie. Au cours du premier trimestre de 2021, les entreprises de l'indice S&P 500 ont racheté 750 milliards de dollars de leurs propres actions. Nombre des entreprises qui ont été soutenues pendant la pandémie avaient racheté leurs actions[14].

Ce sont des milliers de milliards de dollars qui ont été utilisés par les entreprises cotées pour racheter leurs propres actions. En juin 2021, les banques ont recommencé ce rachat. Il faut cependant comprendre les conséquences de ces actions.

- Le premier impact est la hausse du cours de Bourse. On comprend pourquoi les investisseurs et les dirigeants s'allient dans cette *bonanza* qui va les enrichir au-delà de leurs rémunérations déjà considérables.
- La plupart des entreprises qui ont racheté leurs actions ont financé ce rachat en augmentant leur endettement.
- Le résultat de ces opérations est une diminution des fonds propres donc de la solvabilité de l'entreprise couplée à une

augmentation de l'endettement entraînant une hausse du risque de faillite. Cet effet de ciseau fragilise l'entreprise. Aux États-Unis, les entreprises aériennes s'en étaient donné à cœur joie, mais « lorsque la brise fut venue » à savoir la crise sanitaire de la Covid-19, il a fallu les sauver à coups de milliards dépensés par le gouvernement de Trump pour leur éviter la faillite.
• Ce n'est pas parce que nous croyons vivre dans une utopie qu'elle n'est pas dystopique pour autant et que les valorisations boursières, suite aux rachats d'actions, ne peuvent être analysées qu'en fonction des situations à court terme. La réalité rattrape souvent les illusions.

Il est essentiel d'imposer aux entreprises une transparence de l'information qui repose sur une justification que ces rachats n'entraîneront pas de conséquences sur le niveau de fonds propres dans les cinq prochaines années. Cela se traduirait par un prospectus qui expose les vraies raisons de ces rachats. La croissance de l'endettement des entreprises nous annonce des lendemains qui ne chanteront pas : fragilisées, elles risquent la faillite. Il faut qu'elles abattent leurs cartes. Les fonds propres ne sont pas des jouets au casino de la Bourse.

On comprendra pourquoi ces rachats d'actions qui se révéleront létales pour beaucoup d'entreprises se passent dans la plus grande discrétion, même si elles ne sont pas pour autant confidentielles. Il faut d'urgence les plafonner.

Responsabiliser les investisseurs est essentiel

Ils aiment la discrétion. Certains la poussent à l'extrême : je me souviens d'une rencontre avec un des associés d'Eton Park Capital dont le site internet était limité à leur nom et adresse. Tout autre accès était réservé aux investisseurs. Quelques années plus tard ce hedge fund *qui avait perdu la moitié de sa valeur a rendu 7 milliards de dollars à ses actionnaires. Les* hedge funds *se sont rebellés contre la* SEC *pour empêcher toute forme de contrôle de leurs activités et l'ont traînée en justice à Washington, où ils ont gagné leur procès.*

CLARIFIER LA RELATION AVEC LES ÉMETTEURS

Dans le système du capitalisme financier, l'avis des investisseurs institutionnels répond à un système de valeur et à des principes qui sont d'autant plus importants que ce sont souvent d'anciens banquiers d'affaires qui créeront ou dirigeront ces fonds. Les investisseurs institutionnels sont eux aussi soumis à la loi d'airain des résultats à court terme.

Qui plus est, les dirigeants de l'entreprise et les gestionnaires de portefeuilles sont rémunérés sur la même base : la performance du cours de Bourse des actions ou une valorisation équivalente d'une entreprise privée. Ne comptez pas sur eux pour tenter d'influencer l'entreprise dans un sens différent de celui du conseil d'administration ou des dirigeants.

Un des aspects les plus intéressants de cette relation est le vote des investisseurs institutionnels aux assemblées générales. On commence seulement à s'interroger sur l'influence que les investisseurs institutionnels exercent : ils ont eux-mêmes créé des structures de gouvernance qui vérifient les décisions sur la base de leurs propres principes.

On découvre parfois que les principes de gestion affichés par le gestionnaire sont contredits par les votes.

PROMOUVOIR LES INVESTISSEMENTS SUR LA BASE DES PRINCIPES DE DURABILITÉ

La croissance des fonds qui se réfèrent aux principes d'environnement, social et gouvernance (ESG) est spectaculaire. C'est un des cas où la puissance du peuple a été le moteur de cette évolution. Ce sont les jeunes générations qui nous ont tous mis au défi de ne pas rendre la planète inhabitable pour l'humanité. C'est un pas d'une importance considérable sur le plan de la démocratie. Il confirme que le pouvoir de la population peut faire plier les puissances du capital dans un sens qu'elles ne voulaient pas suivre.

Si même la cause du changement climatique n'est pas acquise parmi tous les gestionnaires de fortune, ce sont des pans entiers de cette population disparate qui se transforment sous nos yeux. Les États devraient suivre : ils devraient s'assurer que toutes les institutions qui dépendent d'eux, que ce soit des fonds de pension, des agences gouvernementales et des institutions multilatérales, soient contraintes d'adopter une politique qui poursuit les principes de durabilité.

Il y a un long chemin à faire pour l'aspect social. Comme les représentants des employeurs et des employés ne mettent pas ce sujet à l'ordre du jour, il revient aux citoyens de faire pression sur les syndicats pour qu'ils établissent des principes avec la société civile assurant que les entreprises comme Apple qui ont fait travailler des enfants dans des conditions inhumaines soient mises au ban par les investisseurs. Il n'est pas certain que les pays de l'Union européenne puissent se mettre d'accord sur des principes communs.

Quant à la gouvernance, elle éliminerait plus d'une grande entreprise de technologie comme Facebook dont le respect de la démocratie est déficient. Les efforts qui ont été faits dans ce sens sont louables. L'obligation pour Mark Zuckerberg de témoigner devant plusieurs parlements où il s'est fait reprocher de ne pas tenir compte de son rôle de protection des sources douteuses ou la vente de données sans l'autorisation de ses abonnés devraient amener les grands investisseurs « éthiques » à mettre cette société sur leur liste noire.

La route sera longue, et la résistance sera forte, mais les investisseurs privés et institutionnels ont en main la capacité de rendre à leurs décisions une dimension citoyenne et éthique. C'est essentiellement à travers les fonds communs de placement dans lesquels ils investissent que, collectivement, ils peuvent influencer les marchés financiers. Encore faut-il qu'ils soient informés de la manière dont les gestionnaires des fonds votent avec leurs actions.

Le premier pas sera l'obligation qui sera faite aux entreprises cotées en Bourse de publier leur « empreinte carbone » comme l'Indice Vérité40[15]. La transparence fait bouger les pions sur l'échiquier de la planète.

Promouvoir l'équité des marchés

Cette invitation à revoir les divers aspects qui concourent, tant du côté du secteur public que de celui du secteur privé, à transformer les marchés financiers en une gigantesque machine à broyer l'équité est fondamentale.

Une démocratie qui permet un système qui n'impose pas ou n'exerce pas de responsabilités sociétales n'est pas démocratique, ni morale. L'expérience de 2020 a été une démonstration grandeur nature de la déconnexion des marchés dans une crise majeure de l'économie et de l'emploi.

Combattre l'inégalité liée aux marchés financiers

Au cours du dernier demi-siècle, les marchés financiers ont acquis une ampleur et une sophistication qui, pour une grande partie, ont rendu leur contrôle démocratique complexe et périlleux pour ceux et celles qui l'exercent. Ils sont passés de 50 à 110 % du PIB au niveau mondial, et 150 % pour les États-Unis tandis que la France a le ratio le plus élevé en Europe, 85 %[16]. Cette force de frappe a permis de favoriser à outrance l'inégalité face au capital.

Les 50 Américains les plus riches détiennent aujourd'hui presque autant de richesses que la moitié des États-Unis. La crise sanitaire n'a cessé d'accentuer ces inégalités si l'on en croit les nouvelles données du 15 octobre 2020 de la Réserve fédérale[17]. Le quart de la population n'a aucun accès à ces marchés, et ne dispose pas de moyens de participer à l'enrichissement collectif des marchés des capitaux. 7,5 % de la population détient des actions. Ce n'est que très indirectement qu'ils en sentent l'impact à travers leurs comptes bancaires, leurs contrats d'assurance, leur financement hypothécaire ou leur épargne.

Les ménages et les entreprises américains montrent, dans leurs comportements, qu'ils ont peu d'aversion au risque. Cela explique aux États-Unis les réactions des entreprises en cas de récession, le fonctionnement du marché du travail, la structure des patrimoines, les niveaux d'endettement, l'absence de socialisation par l'État des risques individuels. Les Européens continentaux ont beaucoup plus d'aversion pour le risque, ce qui explique le rejet des comportements et types d'organisation du capitalisme anglo-saxon, écrit Patrick Artus[18].

Au cœur de ce dispositif, les marchés des capitaux ont joué un rôle crucial dans la redistribution des richesses. Dans un pouvoir financier où les États, les entreprises cotées, et les marchés financiers s'attribuent la part du lion, le citoyen-contribuable ne se reconnaît plus. Il a perdu confiance dans toute forme d'équité. Le capitalisme financier a transformé les économies en les financiarisant. Les considérations financières pèsent plus lourd que les considérations économiques et sociales[19].

Le citoyen en arrive à renoncer à cette seule voix qui lui est propre : le vote. À travers le monde, le parti des abstentionnistes dépasse tous les autres. Comme la paupérisation s'accroît alors que l'enrichissement explose, il a perdu espoir que le système puisse être réformé en sa faveur. Et c'est ce désespoir même qui constitue la menace la plus pressante pour la démocratie.

La manière dont les autorités ont réagi depuis la crise financière de 2008 n'a pas amélioré la stabilité financière. Plus récemment, la gestion de la crise du coronavirus a fait éclater au grand jour le rôle des pouvoirs publics qui sont venus au secours des marchés financiers pour des montants astronomiques qui vont peser sur les épaules du contribuable pendant des décennies. Qui plus est, la manière dont les populations et les pays ont été victimes du virus a été une nouvelle démonstration d'inégalité.

Tenter d'esquisser des réformes essentielles pour remédier à cette situation est une tâche difficile et complexe. C'est en réformant le système de l'intérieur que l'on arrivera à le rendre plus égalitaire et démocratique. Le rejeter en bloc ne changera rien.

Contenir la taille des marchés de capitaux

Les marchés financiers sont devenus trop importants pour être laissés aux seules mains des financiers. C'est l'inflation des actifs qui nous menacent, pas celle des biens et des services.

Le rôle essentiel du financement des entreprises par le marché des actions n'est pas en cause. Mais plus que jamais l'explosion de l'endettement et le rachat des actions ont démontré combien les risques systémiques de l'endettement sont imminents et prégnants. La croissance ne peut se produire sans faire appel au marché des capitaux.

Il faut cependant mettre fin à des pratiques qui servent uniquement l'intérêt des actionnaires, des institutions financières et de leurs acolytes. Elles ont représenté un multiplicateur de la taille « naturelle » de la capitalisation boursière sans aucune autre finalité que la… liquidité qui est déjà surabondante et multipliée par les banques centrales.

- La crise du coronavirus a fait exploser l'endettement des entreprises pour financer leurs pertes et presque aucune d'entre elles n'a émis des actions pour renforcer sa solidité financière.
- Les investisseurs doivent disposer d'un lieu où se traitent leurs actifs : pour prendre le risque d'investir des montants importants, ils doivent pouvoir compter sur une possibilité raisonnable de disposer de ces investissements sans en bouleverser la valeur.

Ce n'est donc pas cette fonction primaire des marchés financiers qui est en cause, mais les diverses actions qui ont affecté la taille des marchés en dehors de cette fonction de financement.

LIMITER L'USAGE DES PRODUITS DÉRIVÉS

L'utilité des moyens de couverture des risques d'entreprises ou d'investisseurs est réelle. Il ne s'agit donc pas d'exclure une technique qui s'est améliorée et a permis une meilleure gestion des entreprises.

Mais lorsque cet usage encourage le développement d'un marché spéculatif complètement déconnecté des besoins de couverture de risque, la question de son utilité se pose et avec elle, les moyens de faire cette nécessaire distinction.

Depuis dix ans, l'encours de ces produits a oscillé entre 500 000 et 700 000 milliards de dollars, selon la Banque des Règlements internationaux. Quelle est la part de ce montant qui a effectivement servi à couvrir des risques qu'ils soient de taux, de change ou autres ou à faciliter des financements complexes ?

La seule manière de limiter ce risque de marché est de s'assurer que les institutions financières soient contraintes d'allouer une partie de leurs fonds propres à cette activité, non sur la base de leur quantification du risque, mais sur la base d'une distinction entre les produits utilisés pour couvrir des risques et comme une activité séparée de ces risques. Cela en réduira la volatilité et diminuera le risque systémique qui s'y attache.

RÉDUIRE LES VENTES À DÉCOUVERT

Les ventes à découvert augmentent artificiellement la taille des marchés des actions. Leur utilité se comprend pour des grands gestionnaires de portefeuille qui ne peuvent couvrir leurs risques exclusivement en vendant et en achetant des actions.

Pour s'assurer que ce marché est contenu dans des limites raisonnables, et pour limiter les risques que ces positions ont fait courir dans les crises financières, des mesures peuvent être prises. Il faut commencer par s'assurer que les risques de crédit pris par les prêteurs de titres sont pris en compte de la même manière que toute opération de crédit équivalente.

L'interdiction d'utiliser les titres appartenant directement ou indirectement à des particuliers et des fonds de pension ou compagnies d'assurances permettra de réduire la disponibilité de titres pour ce genre d'opération.

L'existence de fonds *short* et *ultrashort*, que ce soit sous forme de fonds de placements ou d'ETF, a-t-elle vraiment une raison d'être ? N'est-elle pas une bombe à retardement qui menace la stabilité financière et amène des interventions massives des banques centrales ? Quelle est leur valeur sociale ?

Rééquilibrer le travail et le capital

Il est impensable d'établir une relation équitable entre le corps social et la finance sans poser la question de la contribution des divers acteurs des marchés financiers au budget des États. Les finances publiques ne peuvent pas peser uniquement sur la taxation du travail et de la consommation.

Cela implique la mise en place de systèmes plus efficaces et musclés face à l'utilisation des marchés financiers à des fins d'évasion ou de fraude fiscale ou de blanchiment de l'argent du crime.

La taxation des plus-values mobilières

Les marchés des capitaux sont un rouage important de cette inégalité, mais sont loin d'en être responsables. Il faut donc analyser leur rôle dans le contexte plus vaste de la taxation du travail et du capital.

Il existe encore des régimes fiscaux qui ne taxent pas la plus-value lors de la vente d'actions ou d'obligations. Le cas le plus célèbre est celui de Bernard Arnault, le PDG de l'entreprise de luxe LVMH qui, après avoir tenté de devenir contribuable belge[20] (la Belgique ne taxe pas les plus-values), a finalement renoncé à ce projet. La situation de Carlos Ghosn, l'ancien PDG de Renault, a également défrayé la chronique : il était résident fiscal néerlandais, ce qui lui permettait d'échapper à l'ISF[21].

Si les actions font l'objet d'une double taxation, celle des dividendes et celles des bénéfices des entreprises, les obligations sont généralement émises sur les marchés internationaux sans prélèvement à la source d'un quelconque impôt.

Il n'y a aucune raison morale ou sociétale de taxer les plus-values sur titres moins que les revenus salariaux. Je continue de m'étonner de l'absence de débat sur ce sujet. Les opposants à ces mécanismes comme les syndicats agissent comme s'ils acceptaient le système sans même essayer de le dépiauter et de le réformer. C'est une démission qui pénalise durement… leurs membres. C'est la plus grande source d'inégalité. Ils ont la morale de leur côté.

Les transactions financières elles-mêmes ne font pas l'objet d'une taxation. Cela ne veut pas dire que les marchés ne font l'objet d'aucune taxation. Les Bourses sont des sociétés taxées comme d'autres. Les acteurs de la bourse sont des sociétés taxées à un impôt sur les sociétés dont on sait qu'il ne contribue presque pas au budget de l'État.

L'idée de taxer les transactions financières n'est pas neuve. Les activités de trading sont taxées à travers la taxation des entreprises. Les investisseurs sont sujets à des taxations de plusieurs manières. Les chiffres les plus fantaisistes ont circulé au point que l'Union européenne a inclus une telle taxation perçue à son niveau pour financer la facilité budgétaire de 750 milliards d'euros afin d'aider les pays ayant le plus souffert du coronavirus[22].

Il existe en France une taxe sur les transactions financières. *Mise en place en France depuis 2012, la taxe sur les transactions financières est une taxe boursière s'appliquant sur les actions des sociétés françaises dont la capitalisation boursière dépasse 1 milliard d'euros. À l'origine de 0,1 %, le taux de taxation est actuellement de 0,3 % de la valeur d'acquisition. Avec la baisse des frais de courtage et l'apparition de brokers à coûts réduits, cette taxe devient de plus en plus visible et n'est donc pas négligeable dans la rentabilité d'un investissement boursier*[23]. *Au Royaume-Uni, un droit de timbre est exigé sur les transactions en actions. Le droit de timbre, qui date de 1986 dans sa forme actuelle mais existait sous d'autres formes bien avant, équivaut outre-Manche à 0,5 % du montant de la transaction.*

De là à espérer que la dette de 750 milliards d'euros que l'Europe devra porter dans le cadre de son programme de relance pourra être significativement remboursée par un impôt sur les transactions boursières, il n'y a qu'un pas qu'il est difficile de franchir. Post-Brexit, ce serait le meilleur soutien que la City de Londres puisse recevoir de l'Union européenne.

Combattre les fraudes facilitées par les marchés financiers

C'est l'ensemble de l'écosystème des marchés financiers qui doit être mobilisé. Que ce soit les brokers qui donnent des ordres, le contrôle de l'identité fiscale par les institutions financières ou la surveillance par les Bourses et les marchés financiers des transactions suspectes, une mobilisation s'impose.

Le problème est l'anonymat des transactions. Ce ne sont pas les Bourses qui ont une capacité de détecter l'identité des opérateurs. Ce sont les représentants des donneurs d'ordres, essentiellement des brokers, qui sont supposés connaître leurs clients.

Mais ceci n'existe que sur les marchés réglementés. Les bourses en cryptodevises se sont fait une spécialité du blanchiment d'argent et de l'évasion fiscale. Selon la Direction générale des finances publiques (DGFIP), le fait de détenir une cryptomonnaie n'est pas imposable : c'est le fait de convertir cette cryptomonnaie en monnaie nationale, c'est-à-dire en quelque sorte de la revendre, qui « la fiscalise[24] ». Les bitcoins n'ont donc jamais été intégrés à l'impôt.

Réconcilier les actionnaires et la société

Il n'y a aucune raison pour que l'actionnaire soit diabolisé si sa rémunération est légitime et raisonnable.

Le capitalisme financier est en conflit avec celui de la société dont il prétend bien souvent que ce n'est pas sa responsabilité. Tout membre, particulier ou institutionnel, a une responsabilité sociétale et ne peut s'y soustraire. Sans pour autant renoncer à sa raison d'être, l'entreprise et ses actionnaires doivent identifier et assumer le rôle qu'ils jouent dans la société où ils opèrent, dans leur pays et à l'étranger.

Son fonctionnement évite toute forme de rééquilibrage par la démocratie qui regarde, impuissante, l'explosion des inégalités. S'il est un thème central dans cet ouvrage, c'est la démonstration des mécanismes qui soutiennent le cours de Bourse : dividendes, stock-options, taxation, endettement, taux d'intérêt, croissance ou récession…

L'idéologie consiste à privilégier la valeur de l'investissement de l'actionnaire au détriment d'autres facteurs qui font de l'entreprise ce qu'elle est : la société, le personnel, l'éthique.

Les « demandes » de performance des entreprises permettent rarement une politique qui favorise l'environnement, le social et la gouvernance. Il ne favorise pas non plus une politique d'investissement créatrice d'emploi, même si elle affecte quelque peu les résultats immédiats. La réaction se fait sentir avec ces investissements ESG qui augmentent à vue d'œil à travers le monde. Seule l'administration américaine veut forcer les fonds de pensions fédéraux à ne pas privilégier les investissements de ce type s'ils peuvent obtenir un rendement supérieur dans des entreprises qui ne respectent pas ces principes[25].

Une approche sociale et solidaire des marchés financiers

Des efforts ont été faits pour assurer une réglementation financière combattant les excès des marchés financiers. Ces derniers n'ont jamais été considérés comme pouvant jouer un rôle social, moins encore une obligation sociétale.

Ayant en main des masses de capitaux qui peuvent favoriser les riches et les puissants de ce monde, ils ont également la capacité de se transformer pour devenir, au contraire, un facteur d'équilibre qui est dans leur intérêt à long terme.

Promouvoir une vision à long terme : publier annuellement un plan à trois ans ?

Il est devenu pratiquement impossible d'avoir une discussion sur le thème de l'horizon économique et social. Le fait que la bourse caracole en tête du peloton alors que cette croissance est financée par la dette publique et privée ne laisse aucune illusion sur ce qui nous attend.

La publication de résultats trimestriels pour les sociétés qui font appel aux marchés financiers (que ce soit sous forme d'obligations ou d'actions) est utile pour certaines industries, mais elles sont peu nombreuses. Les décisions que prennent les chefs d'entreprise s'inscrivent dans la perspective de la raison d'être de leur entreprise : cette vocation est de nature éthique, pas juridique.

Ma recommandation n'est pas de supprimer les indications trimestrielles que réclament les investisseurs qui, eux-mêmes, sont tenus de publier leurs performances de manière trimestrielle. Il s'agit de publier annuellement des perspectives à trois ans qui permettront de mesurer si les résultats trimestriels sont ou non en cohérence par rapport au plan triannuel. En cas de résultats trimestriels mettant en question cette trajectoire, une explication serait fournie.

De mes conversations avec les chefs d'entreprise responsables et éthiques (ils sont la majorité), je retiens leur frustration d'être corsetés dans le carcan des analystes financiers, relayés par les médias, qui vont se lancer dans des interprétations comparant le 2e au 1er trimestre et au 2e trimestre de l'an dernier.

En écrivant ces lignes, je conçois que les lecteurs et les lectrices se demandent comment il est même possible que le capitalisme financier, les investisseurs à court terme (*hedge funds*…), les gestionnaires de fonds, aient pu à ce point fragiliser les entreprises.

Il n'y a pas d'économie sociale et solidaire avec des gestions d'entreprise dont l'horizon est à court terme. Il est temps d'imposer aux entreprises et aux investisseurs ainsi qu'aux analystes, médias et autres acolytes du capitalisme financier une information qui explique comment, dans quels objectifs financiers, sociaux et économiques s'inscrit la stratégie financière.

La rémunération des dirigeants devrait s'établir sur les performances de plusieurs années. Une seule bonne année ne mérite pas des bonus généreux.

Renforcer l'indépendance de la réglementation financière

Comme s'il s'agit d'une fonction régalienne, la réglementation doit être soustraite des griffes des entreprises et des gouvernements. Trop souvent, nous avons vu des immunités accordées aux puissants et des peines lourdes imposées pour des méfaits mineurs.

Les autorités de régulation des marchés sont des agences gouvernementales et sont donc soumises au contrôle des États. Ces derniers disposent d'une indépendance limitée. Si la Securities and Exchange Commission (SEC) exerce un leadership sur la réglementation mondiale, l'autorité de marché européenne est souvent limitée par les États membres dans ses actions[26].

La plupart des scandales financiers ont à leur racine des actions qui auraient dû être sanctionnées en amont. La confiance dans la démocratie passe par ce renforcement. Les autorités de contrôle ne peuvent être exclusivement dirigées par des nominations téléguidées par les partis ou des intérêts puissants.

Pourquoi les gouvernements adouberaient-ils à la tête des autorités de contrôle des individus qui risqueraient de leur chercher noise dans leurs propres manipulations financières ? Que ce soit chez Veolia-Suez, LVMH-Tiffany, Wirecard, Enron, Airbus et beaucoup d'autres, la vulnérabilité des autorités de contrôle est notoire. Elle ne se limite pas seulement à la finance : on se souvient de la manière dont les autorités de contrôle se sont laissé soudoyer par Boeing pour le 737 Max. La liste est longue et semble s'allonger.

Cela passe par une rémunération qui limite les tentations de corruption et permet d'acquérir des talents qui sont capables de faire face aux bastions d'avocats et aux grandes entreprises qui ne font d'eux qu'une bouchée.

LA RÉGLEMENTATION FINANCIÈRE DOIT ÊTRE MUSCLÉE

Au cours des dernières années, les autorités de surveillance ont été mêlées à des scandales qui ont fait apparaître des déficiences. Elles sont aussi systémiques qu'humaines.

On ne peut s'empêcher d'y voir la rencontre du pot de terre et du pot de fer.

Au niveau structurel, la combinaison de responsables politiques au sommet de la pyramide avec un staff professionnel crée un déséquilibre dans la décision et les poursuites. L'écart de rémunération entre un responsable d'une instance réglementaire ne permet pas de recruter les talents nécessaires. Il faut être un saint pour s'engager dans cette très belle direction au prix où la société est prête à le payer. Et, reconnaissons-le, nombreux sont ceux et celles qui rendent ce service désintéressé à notre démocratie.

En France, on se souvient de la manière dont la Société Générale n'a pas été sanctionnée pour la négligence de sa surveillance de Jérôme Kerviel, qui est allé en prison. On se rappelle aussi le délit d'initiés sur les actions Airbus dont les faits étaient prouvés, mais où la commission des sanctions de l'Autorité des marchés financiers a rendu toute sanction sérieuse impossible.

Eric Swanson, ancien assistant directeur de la division des poursuites de la SEC, est marié à la nièce de Bernard Madoff, laquelle est le directeur juridique de la firme Madoff. La SEC a tardé à agir pendant deux ans. On comprend mieux pourquoi elle n'est pas allée jusqu'au bout de ses investigations.

Si aux États-Unis, les méthodes sont parfois plus musclées, le système judiciaire rend la charge de la preuve difficile face à un avocat aux services coûteux et qui aura plus d'une flèche à son carquois pour éviter l'emprisonnement. Et, pourtant, les cas de délits d'initiés y sont légion. Aucun des responsables de la crise financière de 2008 n'a fait de la prison malgré les dommages colossaux et collatéraux dus à leurs comportements.

ENCADRER L'INNOVATION FINANCIÈRE : LE NEZ DE PINOCCHIO DE L'INGÉNIERIE FINANCIÈRE

L'enjeu économique et social essentiel de cette fonction d'ingénierie n'est pas compatible avec des innovations financières qui, sans aucune valeur ajoutée pour la société ou l'entreprise, ont accru les risques attachés à ces marchés à travers des mécanismes qui transforment le marché boursier en casino.

Ce domaine en est encore à ses balbutiements. Les errements des banques centrales et des régulateurs de marché pendant les quinze premières années du bitcoin sont là pour nous rappeler combien les régulateurs sont parfois timides et ne réagissent que trop tard, et souvent de manière superficielle.

En octobre 2019, les autorités de contrôle américaines ont créé un *Global Financial Innovation Network* comprenant les quatre principales autorités de contrôle[27]. Olivier Fliche, directeur du pôle Fintech et Innovation de l'Autorité de contrôle prudentiel et de résolution (ACPR), a fait la déclaration suivante suite au scandale Wirecard en Allemagne.

Nous avons eu des échanges au niveau européen pour nous coordonner, comprendre ce qui se passait et évaluer les conséquences que ça pouvait avoir en France pour les clients des filiales régulées de cette société. Nous sommes bien sûr en train de traiter ces aspects à chaud mais il y aura aussi des leçons à tirer, à plus long terme, au niveau européen lorsque nous aurons plus de recul[28].

Je souligne que les réglementations financières sont adaptées à chaque activité. Elles sont les mêmes pour tous les acteurs, qu'ils soient technologiques ou pas. En d'autres termes, quand on contrôle, la notion de Fintech n'entre pas en ligne de compte. L'éthique ne se divise pas même si parfois, certains secteurs ont leurs « spécialités » en matière de corruption ou de fraude.

Éducation, information et communication

Le seul moyen de réduire les inégalités est l'éducation.

Entre le modèle américain qui endette ses étudiants et étudiantes pour des dizaines d'années et le système qui fournit une éducation gratuite ou à minerval faible se trouve la solution. On ne sera pas surpris de voir que Joe Biden et les démocrates en fassent un cheval de bataille, tentant de donner un accès gratuitement aux baccalauréats pour les étudiants dont la famille dispose de revenus limités. Au-delà, c'est un système de bourses qui devrait permettre aux étudiants qui le méritent, par leur situation et leurs résultats, de pouvoir disposer d'une telle éducation.

Sans une part de financement par les États et les collectivités locales, il n'y a pas moyen d'équilibrer les budgets des écoles et des universités. Mais le minerval, le financement public et les budgets de recherche ne suffisent pas à permettre l'accès à un enseignement de qualité.

L'idéologie pollue ce débat entre les puristes qui ne veulent pas entendre parler d'écoles financées par des capitaux privés et ceux qui refusent de reconnaître la qualité de l'enseignement public.

L'ÉDUCATION FINANCIÈRE DOIT FAIRE PARTIE DE L'ENSEIGNEMENT SECONDAIRE

Je sais. Il n'y a pas que la finance.

Mais nos programmes d'enseignement secondaire, technique et général n'instruisent pas nos collégiens et lycéens sur le fonctionnement de la société dans laquelle ils commencent à évoluer et qui sera la leur.

Même à l'université, la finance est réservée aux grandes écoles et universités de « sciences économiques » ou au sein des IAE (Institut d'administration des entreprises) où la finance a une part négligeable. Elle devrait être enseignée de manière claire et objective (oui, c'est possible) à l'adolescence.

Il est indispensable que, dans les dernières années du cycle secondaire, une formation rigoureuse dans le domaine sociétal, y compris la finance, soit introduite. À l'université (pour ceux et celles qui ont ce privilège), c'est la spécialisation qui domine. Les années de bachelier devraient cependant permettre aux étudiants d'apprendre le fonctionnement de la finance avant qu'ils n'en deviennent la proie facile.

C'est la société et la démocratie que la finance domine. Elle ne peut être ignorée par nos dirigeants quels qu'ils soient. Nos étudiants méritent de recevoir un enseignement qui les en instruise.

Que ce soit l'éducation scolaire ou universitaire, il est inqualifiable que nos étudiants entrent dans la vie sans avoir reçu une formation à la finance. À tout le moins, cette éducation doit commencer au lycée et être une partie importante de la formation de ceux et celles qui vont entrer dans le monde et qui doivent en connaître les rouages.

Au moment où je prépare le lancement d'une collection de livres financiers pour adolescents pour les aider à comprendre les bases de la finance, je réalise qu'une génération entière s'est lancée dans le trading sans aucune base permettant de mesurer les risques et les avantages qu'apportent les actifs.

PROPOSER UNE VRAIE ÉDUCATION FINANCIÈRE DU GRAND PUBLIC

Cette absence d'éducation conduit des universitaires de renom à avouer qu'« ils ne comprennent pas grand-chose à la finance » et qu'ils font « confiance à leur banquier ».

Cette démission face au jargon et aux manipulations de la finance conduit à des errements dramatiques. Mal informés, comment les notables oseraient-ils s'opposer aux « spécialistes financiers » ou aux « économistes de banque » ?

Face à l'information diffusée par les entreprises, les dirigeants, les politiques et les médias, il est devenu impossible que s'exerce une forme quelconque de contrôle citoyen, laissant toute voix démocratique en dehors du débat. Sans sanction pour les fausses nouvelles, notre démocratie s'effrite.

Le débat qui s'est instauré depuis l'accession de Donald Trump au pouvoir n'est autre que celui de la valeur de la vérité dans la communication, l'utilisation des médias sociaux aux fins de manipulation et de la valeur de la science.

L'argent corrompt. Nous le savons tous. Comment s'assurer que cette corruption soit au ban de la démocratie ?

LA COMMUNICATION FINANCIÈRE OU LE REFUS D'UNE VULGARISATION INTELLIGENTE

Ce que l'on conçoit bien s'énonce clairement,
Et les mots pour le dire arrivent aisément

Nicolas BOILEAU, *L'Art poétique*

Il faut dire que le langage de la finance est devenu tellement technique et abscons que sa compréhension est de plus en plus difficile. Les grandes écoles ne devraient-elles pas organiser des formations spécifiques pour les professionnels ? Les tentatives pour forcer les prospectus d'émission d'actions à s'exprimer en *plain english* ont eu pour effet la multiplication des pages rendant une information désormais amplifiée et illisible.

Les avocats savent comment s'assurer le monopole de ce langage, et nous avons vu combien ce monopole est source d'inégalité tant le choix d'une défense se mesure en ducats sonnants et trébuchants.

Il ne sera jamais possible de complètement vulgariser la finance, mais le sommet de son intelligence n'est pas artificiel : il se situe dans la capacité à expliquer en mots simples une réalité complexe.

Même les présentations des dirigeants, et particulièrement des directeurs financiers, à leurs actionnaires et *a fortiori* à la communauté au sens large requièrent au minimum une licence en finance. La vulgarisation est le summum de l'intelligence.

Les présentations en assemblées générales à un public d'actionnaires sont devenues incompréhensibles par 90 % des participants. Est-ce trop demander de présenter une version pédagogique de ces résultats ?

RESPONSABILISER LES MÉDIAS EN MATIÈRE D'INFORMATION FINANCIÈRE

Il ne s'agit pas seulement de la presse, mais de l'influence des médias sociaux sur l'information financière. Les autorités de marché ont tenté de réglementer l'information émanant des gouvernements, des entreprises et des investisseurs. Nous avons vu son impact dans l'affaire GameStop.

Les mouvements quotidiens des cours de Bourse, et leurs interprétations par les journalistes, tiennent souvent lieu d'information. C'est favoriser les micromouvements et éviter de devoir parler des problèmes sous-jacents.

Les journalistes reflètent les commentaires des traders et les messages des entreprises. Peu d'entre eux posent des questions sur le pourquoi et le comment et se contentent d'explications au jour le jour. Le plus bel exemple a été donné au premier semestre de 2020. Alors que l'économie était en déclin, qu'une récession sévère était en chemin, que les banques centrales aspergeaient les marchés de liquidités, que le chômage explosait, les commentateurs boursiers se sont concentrés exclusivement sur le coronavirus.

Quant aux commentateurs des grands gestionnaires de fortune ils n'ont qu'un seul objectif : amener les particuliers à acheter plutôt qu'à vendre des actions.

LA POLITISATION DES MARCHÉS FINANCIERS

Dans cette période de crise, le message financier est devenu politique.

Que ce soient les banques centrales ou les gouvernements, la défense sans aucun esprit critique de politiques monétaires et de stimulus suicidaires avait un seul objectif : rassurer les investisseurs, et surtout les particuliers qui se sont jetés sur cette manne.

Nulle part plus qu'aux États-Unis, le chœur admirable de la Maison Blanche se réjouissait de la moindre amélioration des cours de Bourse. Les rumeurs de récession étaient considérées comme émanant des « menteurs démocrates ». Les partis politiques ont esquissé des politiques qui ignoraient les limites créées par la situation catastrophique des marchés et de l'économie.

Les autorités n'ont-elles pas un devoir fiduciaire de dire la vérité ? Pourquoi les parlementaires ou les ministres ne devraient-ils pas être redevables de toute forme d'utilisation des informations dont ils disposent et qu'ils utilisent sous forme d'opérations financières où ils sont effectivement des « initiés » ? L'information sur leurs moyens financiers et la tendance à faire franchir les frontières bienveillantes à leurs actifs sont un abandon de leurs obligations fiduciaires.

Développer un robuste marché financier européen

L'idéologie des marchés financiers américains n'est pas compatible avec les valeurs européennes.

La mondialisation des marchés financiers a été dominée par l'envahissement des investisseurs et opérateurs des marchés d'outre-Atlantique qui s'est établi sur la place de Londres en Europe. Repenser la mondialisation et ses limites et créer des marchés financiers régionaux sont devenus une priorité. Pour l'Europe, c'est une occasion unique de définir des priorités sociétales s'appliquant aux marchés.

La transformation de la mondialisation ouvre pour l'Europe des perspectives si elle est prête à en assumer les responsabilités. Les récentes initiatives en matière climatique distinguent l'Europe du reste du monde. L'élection de Joe Biden et Kamala Harris qui vont faire rentrer les États-Unis dans les accords de Paris fournit un allié de taille. Mais leur ambition d'être le leader de la transformation énergétique n'est pas évidente. Ils rejettent le capitalisme de l'actionnariat.

Les marchés financiers européens ont une opportunité unique de redéfinir leurs principes, leurs valeurs et leurs objectifs qui ne correspondent pas à ce qui est au cœur des États-Unis. C'est peut-être un bénéfice du Brexit, qui atténuera l'influence de la City sur les réglementations européennes.

ÉTABLIR UN MODÈLE EUROPÉEN DE VALORISATION DES ENTREPRISES

La déification de la valeur des entreprises pour les actionnaires, les modèles de valorisation américains et l'importance des investisseurs répondant à ce modèle a créé une forme de loi d'airain qui s'est imposée aux entreprises.

Cette situation a créé un handicap pour les marchés européens. Outre que leur liquidité était morcelée, la valorisation est encore largement nationale. Pour les parties du monde qui considèrent que les entreprises ont un devoir social, voire sociétal, et ne peuvent favoriser uniquement les actionnaires, les valorisations ont baissé.

Mais il manque lourdement un modèle européen de valorisation des entreprises qui prenne en compte un rééquilibrage entre le respect des actionnaires et la démocratie telle que l'Europe l'entend : participative, multiculturelle, solidaire et équitable.

Pourquoi les banques américaines se traitent-elles en Bourse au-delà de dix fois les bénéfices alors que leurs consœurs européennes végètent aux alentours de cinq fois ? Sont-elles moins bien gérées ? Répondent-elles à un modèle différent des marchés financiers américains ? C'est ce type de question que nous devrons nous poser.

Comment y arriver alors que les grandes entreprises sont détenues pour un quart de leur capital en dehors d'Europe, et principalement aux États-Unis ? Pourquoi le marché européen est-il dominé par BlackRock et non par des firmes de gestion d'actifs européennes ?

LA RÉGIONALISATION DE LA MONDIALISATION EST UNE CHANCE POUR L'EUROPE

La mondialisation va devoir évoluer.

Les réactions se font sentir et sont bienvenues. Dans les pays développés, le centre de gravité des marchés reste local, ou plus exactement régional. Le repli du leadership moral et économique des États-Unis sous Donald Trump ne sera pas ajusté facilement par Joe Biden.

Le protectionnisme dont le Brexit a été une douloureuse révélation pour l'Europe n'est pas absent. L'émergence du leadership chinois avec tout ce qu'il a d'inquiétant définit trois nouvelles zones d'influence : les États-Unis, la Chine et l'Europe.

Les marchés financiers vont suivre ce modèle économique s'il se développe : c'est l'erreur que la Commission européenne a commise en interdisant le rachat d'Euronext par Deutsche Börse, permettant à Euronext de se réfugier dans les bras de l'oncle Sam qui l'a finalement rejetée non sans l'avoir plumée de ses meilleurs actifs : le marché des produits dérivés.

La législation antitrust doit évoluer dans le sens des centres régionaux. Il faut permettre à des entreprises européennes de construire une base qui, même si elle semble exorbitante à l'aune européenne, permet de concurrencer les autres centres financiers mondiaux. Après le Brexit, ce défi sera encore plus essentiel et il faudra éviter de renvoyer la City de Londres dans les bras des Américains ou des Asiatiques.

Il devient dès lors urgent d'intégrer les marchés financiers autour de ces axes, en créant un modèle économique et social qui dispose de sa propre liquidité et de sa propre capacité d'évaluation.

L'UNION EUROPÉENNE DES MARCHÉS DES CAPITAUX EST UNE AMBITION ESSENTIELLE

L'arrivée de l'euro a été une opportunité de masse critique face au modèle néolibéral. Mais l'absence de progrès de cette devise comme monnaie de réserve, et plus encore, comme intégrateur des politiques fiscales, ne permet pas encore de définir un marché régional européen. La baisse du dollar comme monnaie de réserve présente cependant une opportunité que l'Eurozone peut saisir sur l'entièreté de son continent.

L'initiative de l'Union des marchés des capitaux est incontestablement un pas dans la bonne direction. Mais la manière dont il est politisé et conçu, et l'absence de conversation avec la City de Londres la compliquent sans nécessité.

Sans cet outil essentiel, l'Europe n'a aucun moyen de se libérer du modèle américain. Il s'agit de construire une structure qui rende les transactions à l'intérieur de l'Union européenne transparentes et dénuées d'obstacles administratifs.

Le moment est venu de quitter l'Olympe des grands principes et de s'attaquer aux moyens d'atteindre ces objectifs dans le concret des systèmes européens et des approches politiques divergentes.

Renouer les fils de la confiance dans la finance : l'éthique

Les marchés financiers sont confrontés à une évolution dont la complexité est indiscutable, mais ils ont abusé de celle-ci en s'aventurant dans des directions qui ont accru les inégalités et menacent la démocratie : ce n'est même pas, pour les institutions qui les dominent, un vrai sujet. La responsabilité sociétale ne figure pas sur ce dessin. Pas plus que l'éthique.

La perte de confiance du public vis-à-vis des secteurs bancaire et financier est justifiée. La confiance ne sera rétablie que si les questions d'aléa moral et de conflits d'intérêts sont traitées, précise l'OCDE[29].

Ce parcours aura permis au lecteur de se rendre compte de la difficulté de réconcilier les deux sœurs ennemies que sont la finance et la démocratie, à travers les marchés financiers qui sont devenus plus importants que l'intermédiation financière par les banques.

Je suis convaincu que c'est possible à certaines conditions. Si les mesures avancées sont de nature à permettre un ajustement de l'influence des marchés financiers et de leur pouvoir politique, économique et social, elles ne suffiront pas sans un changement profond de mentalité.

Renoncer au déni d'inégalité : dire la vérité pour retrouver la confiance

La première condition d'un rétablissement de la confiance est de reconnaître que la situation des marchés financiers accroît les inégalités de manière insoutenable pour une démocratie et nourrit un populisme facile.

L'abus des pouvoirs financiers est une source profonde d'instabilité sociale et politique. Que ce soit le sentiment que le capitalisme ne profite qu'aux riches, que les entreprises sont des rapaces, que les gouvernements sont corrompus ou simplement l'expérience d'un dénuement personnel et familial profond, il s'agit d'une crise de confiance dans la démocratie.

Ne pas en tenir compte est à l'origine de mouvements sociaux face auxquels l'élite est impuissante. Comment éviter la reconstitution d'un « centre » où se rejoignent les populismes de droite et de gauche et qui, collectivement, représentent une fraction croissante de la population de nos pays occidentaux ?

Si les possédants avaient l'intelligence de comprendre que ce sont eux qui sont à l'origine de ces protestations parfois sanglantes, ils trouveraient dans le menu évoqué ici un catalogue de mesures qui réduiraient la fracture sociale.

Aujourd'hui, la population est profondément convaincue que les marchés financiers sont une arme de guerre dirigée contre elle. Ce n'est pas faux, même s'il faut nuancer. La succession de scandales, la baisse de leur pouvoir d'achat ou de l'emploi alors que la Bourse s'envole en 2020 a définitivement convaincu : la bourse est déconnectée de l'économie réelle et tout est fait pour favoriser les actionnaires.

Il est urgent de dire la vérité : la faiblesse de nos finances publiques, le rôle joué par les banques centrales dans la résurgence des cours boursiers, la récession économique et la manière dont l'actionnaire est favorisé par rapport aux employés.

Ce n'est qu'en partageant cette base de vérités communes que nous allons reconstruire une communication crédible et une éducation honnête. C'est à partir de ce socle intègre que nous pourrons obtenir l'adhésion démocratique pour reconstruire une économie sociale et solidaire.

UN CHANGEMENT DE MENTALITÉ : REVOIR LE SYSTÈME DE RÉMUNÉRATION

Pour retrouver la confiance, il faut changer de mentalité. C'est parfaitement possible, mais ce ne sont pas seulement des mesures individuelles qui vont changer les opérateurs des marchés financiers. Comment les convaincre que leur intérêt se trouve précisément dans une parole crédible ? À défaut, quelles règles doivent-elles leur être imposées pour éviter qu'ils débordent nos démocraties ?

La langue de bois est devenue la règle. Certes, il existe un risque de poursuites judiciaires en cas d'admission de responsabilité par l'institution financière. Le gendarme des marchés américains condamne des auteurs de fraude ou d'irrégularité à des amendes importantes en acceptant qu'elles se paient « sans reconnaissance de quelque méfait ».

Cela passe par une révision fondamentale des inégalités de rémunération : les dirigeants d'entreprise ne sont pas (tous) des mercenaires et j'en connais beaucoup qui sont prêts à accepter une rémunération « raisonnable » qui assurerait une confiance accrue avec leur personnel, quoi qu'en pensent les chasseurs de têtes.

Cette injustice est proprement intolérable. Limiter les parachutes dorés et prendre pour référence la performance de l'entreprise, et non sa valeur boursière, permettront d'engager des dirigeants compétents et pas des mercenaires qui changent d'entreprise tous les cinq ans.

RECONNAÎTRE LA POLITISATION DES MARCHÉS FINANCIERS

Un contrôle démocratique et citoyen n'est possible que s'il devient clair que l'alliance des entreprises et de l'État pose un problème profond de politisation de la finance, et singulièrement des marchés financiers.

- L'endettement astronomique des États, le soutien pharaonique des banques centrales et le conflit de système de valeur ont conduit à une politisation croissante des marchés financiers.
- Le lobby des grandes entreprises pour obtenir des privilèges et des subventions les amène à une forme de collusion avec le monde politique.
- Le système de rémunération et la gouvernance des entreprises cotées sur les marchés financiers sont devenus le facteur le plus destructeur de l'emploi.

Les marchés financiers ont un devoir particulier : celui d'assurer une équité entre les investisseurs, d'ouvrir l'accès du financement aux entreprises de taille moyenne et aux pays émergents, de soutenir les initiatives de gouvernance et de risque climatique. Ils y jouent un rôle essentiel.

Leurs actionnaires le leur permettront-ils ?

Ex aequo et bono : le besoin d'équité démocratique

La démocratie implique une forme d'équilibre entre les parties. Nous en sommes loin. La finance ne cherche pas à être équitable, elle recherche son propre intérêt : les marchés financiers sont un lieu privilégié de cette recherche.

Ils rassemblent tout au plus 10 % de la population et 90 % de la richesse mondiale.

Toutes les récentes catégories comme ESG (environnement, social et gouvernance) ou SRI (investissement socialement responsable) se sont tournées vers des aspects de la finance qui avaient été ignorés : l'impact sociétal. Arriver à une forme d'équité et mieux encore à être perçu comme éthique semblent aujourd'hui une entreprise dantesque tant la distance entre la démocratie et les pratiques de la finance s'est éloignée. C'est un changement de mentalité qui s'impose, et au centre une colonne vertébrale éthique qui manque douloureusement.

Les marchés financiers se sont développés sur la base d'une idéologie, celle du capitalisme financier américain. Fondée sur l'avantage donné à la valeur pour les actionnaires, ils ont ignoré qu'une entreprise ne peut pas être menée avec comme seul objectif le cours de Bourse et le dividende. Sur l'autel de cette idéologie, des millions d'emplois ont été sacrifiés, le pouvoir d'achat a moins augmenté que les salaires des dirigeants, la richesse financière a atteint des records.

Derrière cette idéologie, les États se sont endettés pour maintenir à tout prix des programmes qu'ils ne pouvaient pas se permettre et les banques centrales ont absorbé des milliers de milliards de cette dette. Ce faisant, ces dernières ont favorisé les emprunteurs, à savoir les émetteurs d'obligations, et indirectement soutenu une hausse boursière qu'elles refusent de réduire à leur valeur intrinsèque.

C'est finalement le citoyen qui, par le biais d'une fiscalité directe ou indirecte, subit les conséquences de ces politiques qui le taxe doublement : par l'impôt et par les taux d'intérêt négatifs. La réforme des marchés financiers ne pourra se faire d'un trait de plume : il faudra de nombreux ajustements au système financier pour recréer un équilibre entre le capital et le travail. Ne pas réformer pourrait conduire à des révoltes de populations désespérées.

2020 aura vu une explosion de la dette mondiale qui va aggraver encore une récession économique brutale. Elle aura aussi démontré que cet endettement n'a pas été dirigé vers les soins de santé ou les structures hospitalières qui sont un des services publics et privés les plus essentiels. Comme toujours, ce seront les plus démunis qui en pâtiront le plus.

Il n'y a pas de société démocratique sans équité.

Le marché à lui seul ne résout pas tout, même si, une fois encore, l'on veut nous faire croire à ce dogme de foi néolibéral. Il s'agit là d'une pensée pauvre, répétitive, qui propose toujours les mêmes recettes face à tous les défis qui se présentent. Le néolibéralisme ne fait que se reproduire lui-même, en recourant aux notions magiques de « ruissellement » ou de « retombées » – sans les nommer – comme les seuls moyens de résoudre les problèmes sociaux. Il ne se rend pas compte que le prétendu ruissellement ne résorbe pas l'inégalité, qu'il est la source de nouvelles formes de violence qui menacent le tissu social. La spéculation financière, qui poursuit comme objectif principal le gain facile, continue de faire des ravages. La fragilité des systèmes mondiaux face aux pandémies a mis en évidence que tout ne se résout pas avec la liberté de marché et que, outre la réhabilitation d'une politique saine qui ne soit pas soumise au diktat des finances, il faut « replacer au centre la dignité humaine et, sur ce pilier, doivent être construites les structures sociales alternatives dont nous avons besoin ».

Pape François, *Encyclique Fratelli Tutti*,
4 octobre 2020.

Notes

1. « Sans égalité, il n'y a pas de démocratie. »
2. « Personne ne prétend que la démocratie est parfaite et avisée. Il se dit en effet que la démocratie est la pire forme de gouvernement, à l'exception de toutes les autres formes qui ont été tentées de temps à autre. »

Introduction

1. Une entreprise « zombie » est une entreprise qui devrait être en situation de faillite mais qui est maintenue artificiellement en vie avec des aides notamment étatiques comme le prêt garanti par l'État (PGE) français.
2. La littérature académique a en effet démontré l'impact sur les marchés financiers des différents tweets de Donald Trump au cours de son mandat.
3. www.hedgeweek.com/2021/05/05/299729/archegos-collapse-shows-what-can-happen-when-leverage-misapplied
4. https://gugeux.medium.com/masa-mark-and-elon-the-crypto-influencers-2314a2924c8b
5. www.odilejacob.fr/catalogue/sciences-humaines/economie-et-finance/trahison-de-la-finance_9782738125095.php
6. www.odilejacob.fr/catalogue/sciences-humaines/economie-et-finance/descente-aux-enfers-de-la-finance_9782738147677.php

PREMIÈRE PARTIE

Un déséquilibre insoutenable

1. www.nytimes.com/2019/03/12/us/college-admissions-cheating-scandal.html
2. L'expression vient du Moyen Âge, où les bandits de grand chemin étaient légion. Ceux-ci interpellaient alors leurs victimes par le biais de l'expression, leur laissant le choix entre donner leur bourse ou leur vie.
3. www.macrotrends.net/2482/sp500-performance-by-president
4. https://obamawhitehouse.archives.gov/the-press-office/2012/01/24/remarks-president-state-union-address
5. www.lesechos.fr/idees-debats/cercle/la-theorie-monetaire-moderne-fausse-theorie-mais-vrai-impot-1032433
6. www.lemonde.fr/blog/finance/2021/01/26/chronique-dune-crise-financiere-annoncee-41-biden-aux-prises-avec-une-situation-financiere-instable/
7. « Système dans lequel le pouvoir politique est dévolu aux détenteurs de la richesse » (*Larousse*).
8. www.lemonde.fr/economie/article/2020/06/11/covid-19-les-banques-europeennes-vont-affronter-une-puissante-vague-de-credits-douteux_6042496_3234.html
9. Raghuram Rajan, *Le Troisième Pilier. Comment les marchés et les États laissent les communautés derrière eux*. www.penguinrandomhouse.com/books/566369/the-third-pillar-by-raghuram-rajan/
10. Thomas Piketty, *Capital et idéologie*. www.seuil.com/ouvrage/capital-et-ideologie-thomas-piketty/9782021338041
11. www.puf.com/content/%C3%89conomie_du_bien_commun
12. www.eyrolles.com/Accueil/Auteur/esther-duflo-98565/
13. www.varmatin.com/vie-locale/jean-claude-trichet-nous-connaissons-la-plus-grave-crise-depuis-100-ans-656699
14. Jacques de Larosière, *40 ans d'égarements économiques*, Odile Jacob. www.odilejacob.fr/catalogue/sciences-humaines/economie-et-finance/40-ans-d-egarements-economiques_9782738152589.php
15. www.odilejacob.fr/catalogue/sciences-humaines/economie-et-finance/derniere-chance-du-capitalisme_9782738155412.php
16. www.laprovence.com/actu/en-direct/6412825/il-faut-dedramatiser-la-question-des-retraites-dapres-bruno-le-maire.html

DEUXIÈME PARTIE

Les acteurs des marchés financiers

1. www.letemps.ch/economie/vieuxcontinent-na-interet-snober-spac
2. www.lemonde.fr/technologies/article/2012/05/24/entree-en-bourse-de-facebook-les-raisons-d-un-fiasco_1706425_651865.html
3. www.lemondeinformatique.fr/actualites/lire-fraude-aux-stocks-options-steve-jobs-presente-ses-excuses-au-nom-d-apple-20654.html
4. www.lemonde.fr/blog/finance/2018/11/21/la-france-devrait-elle-renationaliser-renault/
5. Le plan d'action pour la croissance et la transformation des entreprises (Pacte) vise à lever les obstacles à la croissance des entreprises, à toutes les étapes de leur développement : de leur création jusqu'à leur transmission, en passant par leur financement. La loi Pacte a également pour objectif de mieux partager la valeur créée par les entreprises avec les salariés. Elle permet aussi aux entreprises de mieux prendre en considération les enjeux sociaux et environnementaux dans leur stratégie.
   www.economie.gouv.fr/loi-pacte-croissance-transformation-entreprises
6. www.lesechos.fr/idees-debats/editos-analyses/suez-veolia-opa-hostile-et-loi-pacte-ne-font-pas-bon-menage-1250065
7. www.fimarkets.com/pages/trading_algorithmique.php
8. www.sec.gov/files/Algo_Trading_Report_2020.pdf
9. www.consumeraffairs.com/news/robin-hood-reportedly-faces-sec-probe-over-disclosure-practices-090320.html
10. www.aef.asso.fr/telecharger-article/75-architecture-financiere-risque-systemique-et-banque-universelle-aux-etats-unis/pdf
11. http://sdw.ecb.europa.eu/reports.do?node=10000028
12. www.imf.org/en/News/Articles/2021/04/07/tr040721-transcript-of-the-april-2021-fiscal-monitor-press-briefing
13. https://wolfstreet.com/2020/08/18/who-bought-the-gigantic-4-5-trillion-in-us-government-debt-added-in-the-past-12-months-everyone-but-china/
14. https://tradingeconomics.com/european-union/government-debt-to-gdp
15. www.euractiv.fr/section/euro-finances/linksdossier/reforme-du-pacte-de-stabilite-et-de-croissance-fr/
16. www.statista.com/statistics/274179/national-debt-in-eu-countries/
17. https://tradingeconomics.com/japan/government-debt-to-gdp
18. www.challenges.fr/economie/japon-au-fait-les-abenomics-c-est-quoi_133355
19. www.bis.org/bcbs/publ/d425_fr.pdf
20. www.allnews.ch/sites/default/files/images/BNP_Vijlder_BCE_Graph.JPG

21. www.boursedirect.fr/fr/actualites/categorie/economie/devises-l-euro-recule-la-bce-surveille-le-taux-de-change-lagarde-boursier-551bed0e68367de92a5c6cf70da56cfc3ed61804#:~:text=Face%20%C3%A0%20la%20crise%20du,elle%20br%C3%BBl%C3%A9%20toutes%20ses%20munitions%20%3F&text=%22tr%C3%A8s%20incertaine%22. –,%22La%20BCE%20a%2Dt%2Delle%20br%C3%BBl%C3%A9%20toutes%20ses%20munitions,'Assembl%C3%A9e%20parlementaire%20franco%2Dallemande.
22. www.lemonde.fr/idees/article/2021/02/11/dette-de-la-bce-les-partisans-de-l-annulation-mesurent-ils-a-quel-point-ils-manient-une-matiere-inflammable_6069535_3232.html
23. https://sipa.columbia.edu/news/federal-reserve%E2%80%99s-fischer-discusses-central-bank-communication
24. www.yardeni.com/pub/peacockfedecbassets.pdf
25. Katharina Pistor, *The Code of Capital: How the Law Creates Wealth and Inequality*. www.amazon.fr/gp/product/B07KM2FW65/ref=dbs_a_def_rwt_hsch_vapi_taft_p1_i0
26. www.liberation.fr/environnement/climat/climat-la-justice-neerlandaise-condamne-shell-20210526_LPFMREXCDZHRZA6TW7GL7EMMXU/
27. https://lexpansion.lexpress.fr/actualite-economique/la-chute-de-la-maison-andersen_491199.html
28. www.zdnet.fr/actualites/scandale-wirecard-ey-dans-la-tourmente-39905899.htm
29. www.challenges.fr/economie/une-lanceuse-d-alerte-s-attaque-au-distributeur-casino_620163
30. www.youtube.com/watch?v=oyNi7lbiK9M
31. www.youtube.com/watch?v=HH_JWgJXxLM
32. www.lemonde.fr/blog/finance/2020/12/28/chronique-dune-crise-financiere-38-le-discours-sanitaire-est-devenu-mortifere/

TROISIÈME PARTIE

Les marchés financiers fonctionnent dans leur propre intérêt

1. www.infinance.fr/articles/bourse/place-boursiere/article-la-bourse-de-paris-presentation-et-histoire-70.htm
2. http://dictionnaire.sensagent.leparisien.fr/Accord%20de%20Buttonwood/fr-fr/
3. www.usinenouvelle.com/article/bourses-europeennes-fusion-entre-amsterdam-bruxelles-et-paris.N96621

4. www.capital.fr/entreprises-marches/a-suivre-aujourdhui-euronext-1382705
5. www.lefigaro.fr/flash-eco/madrid-autorise-le-rachat-de-la-bourse-espagnole-par-la-bourse-suisse-20200324
6. Le *spoofing* est une manipulation de marché dans laquelle un trader passe un ou plusieurs ordres très visibles mais n'a pas l'intention de les conserver (les ordres ne sont pas considérés comme de bonne foi).
7. www.lesechos.fr/2001/08/le-nasdaq-enquete-sur-plusieurs-cas-de-manipulation-de-cours-724785
8. www.oecd-ilibrary.org/sites/1cd1860d-fr/index.html?itemId=/content/component/1cd1860d-fr
9. www.lemonde.fr/blog/finance/2010/10/21/avis-aux-lyceens-vous-n%E2%80%99aurez-probablement-pas-de-retraite-du-tout/
10. https://legrandcontinent.eu/fr/2021/03/19/geopolitique-de-la-transition-energetique/
11. Ce terme est utilisé classiquement dans la littérature économique pour désigner les particuliers qu'ils soient en « ménage » ou pas.
12. www.sec.gov/rules/final/2020/33-10824.pdf
13. La règle *know your customer* en droit bancaire et financier par Alexis Bonzom. www.theses.fr/2011PA010320
14. https://medium.com/illuminate-financial/2020-will-be-the-decade-esg-climate-and-sustainable-finance-turn-financial-services-on-its-head-a90a-88f20a66
15. www.lapresse.ca/affaires/finances-personnelles/2020-06-25/examen-de-conscience-pour-robinhood-le-courtier-prefere-des-milleniaux
16. https://data.oecd.org/fr/hha/dette-des-menages.htm
17. www.oecd.org/corporate/Owners-of-the-Worlds-Listed-Companies.pdf
18. www.marianne.net/economie/78-milliards-en-2019-les-milliardaires-qui-s-enrichissent-le-plus-sont-les-francais
19. www.bloomberg.com/billionaires/
20. www.forbes.com/real-time-billionaires/#218bc7cd3d78
21. www.zonebourse.com/LVMH-MOET-HENNESSY-VUITTO-4669/actualite/LVMH-Bernard-Arnault-l-homme-qui-valait-100-milliards-de-dollars-28779354/
22. www.nytimes.com/1964/02/23/archives/what-17-million-shareholders-share-more-americans-own-stock-in-us.html
23. https://news.gallup.com/poll/266807/percentage-americans-owns-stock.aspx
24. https://worldpopulationreview.com/countries/countries-by-gdp
25. www.ifre.com/story/2436650/jp-morgan-set-for-equity-derivatives-gains-l8n2e92p6
26. https://invest.bnpparibas/recherche/rapports/documents

27. www.marketsmedia.com/cboe-brings-us-market-structure-to-european-derivatives/
28. www.amf-france.org/fr/actualites-publications/dossiers-thematiques/emir
29. www.leclubdesjuristes.com/blog-du-coronavirus/que-dit-le-droit/linterdiction-des-ventes-a-decouvert-et-des-positions-courtes-nettes-dans-le-contexte-de-la-pandemie-de-covid-19/
30. www.lafinancepourtous.com/2020/07/02/ventes-decouvert-l-investisseur-particulier-est-tenu-de-respecter-l-interdiction-temporaire/
31. www.coindesk.com/price/bitcoin
32. www.lemonde.fr/blog/finance/2014/02/09/le-bitcoin-est-devenu-un-ponzi-scheme/
33. www.youtube.com/watch?v=7uRFY1AtocE
34. www.youtube.com/watch?v=q9eDv8pg4Fw
35. www.digitalcorner-wavestone.com/2020/02/5-raisons-qui-laissent-envisager-un-echec-du-projet-libra/
36. https://georgesugeux.com/libra-the-regulatory-challenges-facebook-ignored/
37. www.etftrends.com/etf-strategist-channel/celebrating-14-years-of-etf-growth/
38. https://wwnorton.com/books/flash-boys/
39. www.lesechos.fr/finance- marchés/marchés-financiers/une-reglementation-a-minima-pour-les-traders-haute-frequence-aux-etats-unis-1219019

QUATRIÈME PARTIE

Quand l'idéologie des marchés s'oppose à la démocratie

1. www.universalis.fr/encyclopedie/ideologie/2-definitions-de-l-ideologie-et-construction-d-un-type-ideal/
2. http://piketty.pse.ens.fr/files/ideologie/Piketty2019Extraits.pdf
3. www.cnbc.com/2020/07/09/biden-says-investors-dont-need-me-calls-for-end-of-era-of-shareholder-capitalism.html
4. Pour ceux que la chose intéresse, un livre qui retrace les étapes du refus de la France du plan Marshall mérite une lecture attentive.
   Il s'agit de savoir si les Français pouvaient assumer leurs objectifs de modernisation dans l'espace ainsi tracé par les États-Unis. Il s'agit de savoir si cette dépendance était compatible avec l'idée que la France se faisait de son rôle dans le monde et en Europe.
   https://books.openedition.org/igpde/2705?lang=en

5. https://perspective.usherbrooke.ca/bilan/servlet/BMDictionnaire?iddictionnaire=1437
6. https://fr.wikipedia.org/wiki/Interest_equalization_tax#:~:text=L'interest%20equalization%20tax%20(IET,%C3%A9mis%20par%20des%20non%2Dr%C3%A9sidents
7. www.statista.com/statistics/270126/largest-stock-exchange-operators-by-market-capitalization-of-listed-companies/
8. Bruno Colmant, *Hypercapitalisme. Le coup d'éclat*, Renaissance du Livre, Bruxelles, 2020.
9. www.businessroundtable.org/business-roundtable-redefines-the-purpose-of-a-corporation-to-promote-an-economy-that-serves-all-americans
10. https://journal.firsttuesday.us/tracking-the-market/1665/
11. www.lemondeinformatique.fr/actualites/lire-fraude-aux-stocks-options-steve-jobs-presente-ses-excuses-au-nom-d-apple-20654.html
12. https://ycharts.com/indicators/sp_500_10_year_return
13. www.valuewalk.com/2014/10/sp-500-dividends-gift-keeps-giving/
14. www.challenges.fr/patrimoine/les-genereux-dividendes-2020-victimes-du-virus_704256
15. file:///C:/Users/Owner/Downloads/Shareholder_Activism_in_France_Overview.pdf
16. www.efl.fr/actualites/affaires/bourse/details.html?ref=f73b89cb2-f163-4a03-82a3-496692137f40
17. www.lemonde.fr/economie/article/2020/07/18/amazon-accelere-vers-un-monde-sans-caissieres_6046600_3234.html
18. www.pgpf.org/chart-archive/0070_discretionary_spending_categories
19. www.nytimes.com/interactive/2017/10/04/opinion/thoughts-prayers-nra-funding-senators.html?mtrref=www.google.com&assetType=REGIWALL&auth=login-email
20. www.sec.gov/spotlight/fcpa/fcpa-cases.shtml
21. www.ashmoregroup.com/sites/default/files/article-docs/MC_10%20May18_2.pdf
22. www.cnbc.com/2020/06/10/trump-wants-to-delist-chinese-companies-but-wall-street-could-oppose.html
23. https://fr.reuters.com/article/usa-chine-bourse-idFRKBN28D160
24. https://iosco.com
25. www.visualcapitalist.com/20-largest-stock-exchanges-world/
26. https://ec.europa.eu/info/sites/info/files/economy-finance/c_2018_1756_en_0.pdf
27. www.actualitesdudroit.fr/browse/affaires/fiscalite-des-entreprises/28315/fiscalite-equitable-et-simplifiee-la-commission-europeenne-propose-un-nouveau-paquet-fiscal

28. www.quora.com/What-are-the-VAT-personal-income-corporate-income-and-property-tax-rates-in-each-Eurozone-nation-after-adoption-of-the-Greek-economic-reform-package-in-July-2015
29. www.economie.gouv.fr/facileco/tva-sociale-definition-financement-securite-sociale
30. www.pgpf.org/finding-solutions/understanding-the-budget/revenue&psig=AOvVaw2CDIbswuIpjgaR3N_FvBoK&ust=1595371212321000&source=images&cd=vfe&ved=0CAkQjhxqFwoTCJDIkobz3OoCFQAAAAAdAAAAABAD
31. www.lecho.be/economie-politique/international/economie/le-g20-enterine-le-big-bang-fiscal/10319296.html
32. https://business.lesechos.fr/directions-financieres/fiscalite/optimisation-fiscales/030985859462-paradis-fiscaux-lumiere-sur-une-liste-noire-316747.php
33. www.oecd.org/fr/pays/monaco/juridictionsquiontprisunengagementaamelio rerlatransparenceetamettreenplacedesechangeseffectifsderenseignementsen matierefiscale.htm
34. www.la-croix.com/Economie/Monde/Le-Panama-France-sunissent-contre-fraude-fiscale-2019-08-21-1201042154
35. www.lenouvelliste.ch/articles/suisse/fraude-fiscale-la-banque-ubs-condamnee-a-payer-42-milliards-de-francs-a-la-france-821582
36. *Ibid.*
37. https://fr.statista.com/infographie/8712/le-co%25C3%25BBt-de-levasion-fiscale/
38. www.france24.com/fr/%C3%A9missions/info-%C3%A9co/20210514-cyber attaque-aux-%C3%A9tats-unis-l-ol%C3%A9oduc-colonial-a-enti%C3%A8 rement-red%C3%A9marr%C3%A9

CINQUIÈME PARTIE

Pour une réforme démocratique des marchés financiers

1. www.lemonde.fr/ameriques/article/2018/09/17/cour-supreme-l-accusatrice-de-kavanaugh-sort-de-l-anonymat_5355960_3222.html
2. www.capital.fr/votre-argent/dons-partis-politiques-1388875#:~:text=R%C3%A9duction%20d'imp%C3%B4t%20pour%20dons,du%20revenu%20imposable%20du%20contribuable
3. https://eos.cartercenter.org/uploads/document_file/path/310/Financing_Political_Parties_fr.pdf

4. www.nytimes.com/interactive/2017/10/04/opinion/thoughts-prayers-nra-funding-senators.html
5. www.bloomberg.com/opinion/articles/2020-10-28/the-federal-reserve-is-really-running-out-of-firepower?srnd=opinion
6. www.lemonde.fr/argent/article/2020/09/02/l-echec-des-banques-centrales-a-relancer-economie-et-inflation-depuis-dix-ans-n-inspire-qu-une-confiance-tres-circonspecte_6050644_1657007.html
7. www.franceculture.fr/emissions/la-bulle-economique/quand-la-bce-fait-mine-de-gerer-ses-conflits-dinterets
8. www.economie.gouv.fr/facileco/politique-monetaire-banque-centrale-europeenne-bce
9. www.volckeralliance.org/publications/reshaping-financial-regulatory-system
10. www.capital.fr/entreprises-marches/bce-fed-les-banques-centrales-masquent-mal-leur-impuissance-face-a-la-crise-1380865
11. www.ft.com/content/ef6e63bd-92df-42f3-be7a-aeef31ed8ff8
12. www.channelnews.fr/tim-cook-pourrait-recevoir-jusqua-un-millions-dactions-dapple-sil-reste-a-la-tete-de-la-societe-jusquen-2025-99146#:~:text=Pour%20l'inciter%20%C3%A0%20rester,avril%202023%2C%202024%20et%202025
13.www.lemonde.fr/blog/finance/2021/07/21/jp-morgan-offre-50-millions-pour-motiver-son-pdg/
14.https://hbr.org/2020/01/why-stock-buybacks-are-dangerous-for-the-economy
15. www.axylia.com/vérité40
16. https://data.worldbank.org/indicator/CM.MKT.LCAP.GD.ZS
17. www.lalibre.be/economie/conjoncture/les-50-americains-les-plus-riches-valent-autant-que-les-165-millions-les-plus-pauvres-5f8867537b50a66bd8afc689
18. www.cairn.info/revue-d-economie-politique-2002-4-page-545.htm
19. https://blogs.worldbank.org/fr/voices/taxation-des-richesses-vers-de-nouvelles-regles-du-jeu
20. www.challenges.fr/economie/impots-pourquoi-les-riches-contribuables-francais-preferent-le-fisc-belge_5336
21. www.liberation.fr/france/2019/01/09/resident-fiscal-hollandais-carlos-ghosn-loin-de-l-isf_1701966#:~:text=Le%20PDG%20de%20Renault%20et,plus%20cl%C3%A9mente%20que%20la%20France
22. www.lemonde.fr/blog/finance/2020/06/01/chronique-dune-crise-financiere-annoncee-28-les-defis-structurels-dun-ambitieux-plan-de-relance-europeen/
23. https://argent.boursier.com/epargne/fiches-pratiques/tout-savoir-sur-la-taxe-sur-les-transactions-financieres-5047.html#:~:text=Mise%20en%20place%20en%20France,de%20la%20valeur%20d'acquisition.
24. www.moneyvox.fr/actu/66257/bitcoin-et-autres-cryptomonnaies-
25. www.bloomberg.com/news/newsletters/2020-06-25/money-stuff-the-government-wants-esg-out-of-pensions

26. www.esma.europa.eu/
27. www.sec.gov/news/press-release/2019-221
28. www.latribune.fr/entreprises-finance/banques-finance/scandale-wirecard-des-lecons-a-tirer-au-niveau-europeen-experts-acpr-851892.html
29. www.oecd.org/fr/finances/pour-une-finance-digne-de-confiance.htm

Remerciements

Nombreux sont ceux et celles qui ont entouré cet ouvrage et son auteur de leurs commentaires et suggestions. Je voudrais particulièrement remercier Florence Ajdenbaum qui a été au cours de son stage chez Galileo Global Advisors et au-delà la cheville ouvrière de ce livre. Les conseils des professeurs Karima Bouaiss de l'Université de Lille et Pauline Begasse de Dhaem de l'Université Catholique de Louvain pour leur examen des diverses versions qui ont précédé cet ouvrage. Tout cela n'aurait pas été possible sans la collaboration active de Corinne Bichon, mon assistante.

Table

CINQUIÈME PARTIE

Pour une réforme démocratique des marchés financiers

Cet ouvrage a été composé
en Electra et en Whitney
par Nord Compo
à Villeneuve-d'Ascq (Nord).

Achevé d'imprimer sur les presses de Jouve-Print
733, rue Saint-Léonard, 53100 MAYENNE

N° d'édition : 7381-5675-X – N° d'impression : 2966902D
Dépôt légal : octobre 2021

Imprimé en France